Uwe Prink

Leben ist ein Blues

Uwe Prink wurde 1952 in einer norddeutschen Kleinstadt geboren und wuchs in einem Arbeiterhaushalt mit zwei Brüdern und zwei Schwestern auf. Nach einer Odyssee durch viele Wohnorte, Berufe und Szenen lebt er mit seiner Familie – Frau, Sohn und Hund – in einem kleinen Ort in der Nähe von Hamburg und arbeitet als freiberuflicher Coach, Dozent und Berater. *Leben ist ein Blues* ist die Fortsetzung seines Debütromans *Leben ist ein Nebenjob*.

28870 Fischerhude
Lektorat: Nina Hinrichsen
Umschlaggestaltung: Petra Hempel
Druck: Reproteam, Bremen
ISBN 978-3-88132-352-9
www.atelierbauernhaus.de

Uwe Prink

Leben ist ein Blues

Roman

Für Robert

Prolog

Der Schrei sitzt tief in mir drin. Er schlummert nur, er schläft nie fest, weil er immer hervorbrechen will. Alle Menschen haben den Schrei in sich. Viele binden sich an die Weltreligionen, um den Schrei zu kanalisieren. Andere betonieren ihn ein, indem sie sich mit Unwichtigem ablenken. Sie haben Angst vor dem Schrei. Diese Leute werden blasse Bürokraten, Funktionsträger oder aber Massenmörder. Denn wenn der Schrei zu lange in der Seele eingesperrt bleibt, bahnt er sich in seltenen Fällen den Weg nach draußen und bricht als wildes Tier hervor, das seine Wut über das Eingesperrtsein an den Mitmenschen seines Kerkermeisters abreagiert.

Meine Stimme legt sich auf die Noten des Gitarrensolos und scattet einige Laute mit dem Klang der Gitarre. In diesen Momenten bin ich unverrückbar mit dem Gitarristen verbunden. Es ist ein spiritueller Vorgang. Es gibt Musiktheoretiker, die versuchen, das Phänomen zu erklären. Sie aber kratzen mit ihren Theorien nur an der Oberfläche. Zum Urgrund hervorzudringen ist eine Sache des Gefühls. Eines Gefühls, dass das ganze Dasein beeinflussen kann.

Ich bin dankbar für die Gabe, zeitweilig den Urgrund in seiner unendlichen Weite erspüren zu dürfen. Der Schrei, der dort schlummert, kommt bei mir als Gesang hervor. Ein Gesang, der die tiefe Sehnsucht nach Heimat und Geborgenheit ausdrückt. Alle Menschen, die sich in ihrer Umgebung nicht zu Hause fühlen, kennen diese Sehnsucht, die die Meisten aber nicht ausdrücken können, weil sie in ihren Erziehungskorsetts stecken. Die Künstler haben diese Fähigkeit. Sie sind privilegiert, aber zahlen auch ihren Preis dafür. Die Schattenseite, so empfinde ich es zumindest, sind die Tage, Wochen oder Monate, wenn meine Stirn von depressiven Gedanken umwölkt sind.

Dann ist es das beste Heilmittel, den Blues zu singen, damit der Schrei die Wolken vertreibt. Man sucht sich den Blues nicht aus. Der Blues sucht sich den Menschen aus. Diejenigen, die den Blues spielen und singen können, sind auf dem lebendigen Weg zu Heilung und zum Ursprung. Im Blues gibt es Platz für das Improvisieren. Man kann seine Stimmungen im Blues ausdrücken. Er ist nicht so starr arrangiert wie die Popmusik. Die meisten Rockbands, die ich liebe, sind bluesorientiert. Diese Musik drückt die Höhen und die Tiefen des Lebens aus und geht darüber hinaus ins Spirituelle. Der Blues ist für mich nicht traurig, wie viele denken, er ist manchmal melancholisch. Melancholie ist für mich die schöne Form der Traurigkeit, die an die Sehnsucht erinnert zurückzukehren. Auch die menschliche Liebe mit ihren Leidenschaften und Obsessionen ist oft das Thema dieser Musik.

»Is it you again outside,
Just banging on the front door?
You say you had enough,
Now you're coming back for more,
But that's alright.
I said that that's alright.«
(ZZ Top, A Fool for Your Stockings)

32

Plastiktüten
»Was ist denn da drin?«

Ich war gerade dabei, ein paar Kräuter aus dem Garten zu holen, als es klingelte. Vor der Haustür stand Achim, mein Kollege aus dem Creativshop: »Hallo, wie gehts?«

Er strahlte mich an, als hätte er eine Glühbirne verschluckt.

»Man schlägt sich so durch.«

»Du, Udo, ich muss bei dir mal was zwischenlagern. 'n paar Plastiktüten aus meinem Kofferraum.«

»Was ist denn da drin?«

»Sag ich dir gleich. Lass mal eben ausladen.«

Wir brachten so circa zehn bis fünfzehn pralle Tüten ins Haus.

»Diese Tüten sind verdächtig leicht.«

Ich ahnte schon etwas.

»Es soll dein Schaden nicht sein, wenn du die Tüten ein paar Tage aufbewahrst. Du bekommst auch eine davon als Lagergebühr.«

Der Inhalt bestand aus knackfrischem, aromatisch duftendem Ghana-Gras. Stoff für dreißigtausend »M-chen«, harte Deutsche Märker.

»Ich fasse es nicht, wo hast du das denn her?«

Von dem Zeitpunkt an fühlte ich mich unwohl. Dann tischte Achim mir eine filmreife Story auf. Er hatte den Creativshop aus Rache für das Abhören um technisch hochwertige Geräte erleichtert. Von dem Erlös hatte er sich einen alten Mähdrescher gekauft, den ein Freund von ihm, der Schrotthändler von Beruf war und Schraubertalent besaß, wieder flott gemacht hatte. Vorher hatte er sich mit einer schwarzen Perle von der ghanaischen Botschaft angefreundet, die ihm die nötigen Papiere für den Transport nach Ghana ausstellte. In Afrika wurde das gute Stück verkauft und das Geld in Marihu ana angelegt. Achim, der Entwicklungshelfer! Das Gras hat er in nächtelanger Arbeit in verplombte, angebohrte Gasflaschen gestopft und diese auf legalem Wege nach Hamburg verschifft, um sie dann ganz cool aus dem Freihafen zu holen. Und jetzt war das Corpus Delicti bei mir.

Ich hatte Achim zwar für einen gewieften Hund gehalten, aber das hatte ich ihm nicht zugetraut. In moralischer Hinsicht war die Aufbewahrung vertretbar, denn andere Leute verkauften legal Schnaps und Medikamente. Solange es nicht auf Koks oder Heroin hinauslief, war das für mich okay. Mit hartem Stoff unterm Arm hätte ich ihn zum Teufel gejagt, aber dafür hätte er sich sowieso nicht hergegeben.

Doch ich dachte auch daran, dass es Kräfte in diesem Land gab, die etwas dagegen hatten, wenn man mit Cannabis handelte. Ich erinnerte mich an den Freiheitsentzug bei der Bundeswehr und sah mich schon hinter schwedischen Gardinen sitzen. Andererseits wurde ich als Nichtkiffer mit dieser Szene nicht in Verbindung gebracht. Sicher hatte Achim mich deshalb für die Aufbewahrung ausgewählt.

Es war Sommer und ich dachte daran, wie viel so eine pralle Tüte wohl bringen mochte. Wie lange konnten wir uns davon in Griechenland aufhalten? Wie lange würde es mich vor der Fron schützen? Die Sache war verlockend und ich wollte meinen Kumpel auch nicht im Regen stehen lassen. Ich erklärte mich einverstanden mit dem Deal und wir schafften das Zeug in die obere Etage.

Dirk war mit seiner Else wieder ausgezogen. Das war auch so eine Geschichte für sich. Ich hatte zwar einige Zeit eine gewisse Spannung registriert, aber unter »WG-Querelen allgemeiner Art« verbucht. Seine Freundin konnte mir sowieso nicht aufs Fell gucken. Die Chemie stimmte einfach nicht. Völlig überrascht war ich, als ich eines Tages nach Hause kam und vor dem Haus ein Transporter stand, in dem sich Dirks Möbel befanden.

»Was is' hier denn los?«, fragte ich.

Keine Antwort. Dirk und Lars saßen im Führerhaus und starrten mich an. Ich rannte die Treppe hinauf und lief rot an vor Wut. Alles war leer geräumt und die Wände waren mit beleidigenden Sprüchen und Cartoons beschmiert, zum Beispiel war Cindy nackt und obszön dargestellt neben weiteren Schweinereien. Ich war auf hundertachtzig. Ich rannte die Treppe herunter, stürmte zum Transporter und prügelte auf Dirk ein.

»Lars, hol die Bullen, der ist verrückt geworden!«, schrie er feige.

»Hochinteressant, du blöder Hund, sonst sind die Bullen immer die Scheißer und jetzt rufst du sie? Ist so wie nach Mama rufen, was?«

Ich schlug weiter.

Lars war völlig perplex und rührte sich nicht. Er war viel kräftiger als ich und hätte mich leicht niederstrecken können. Ich musste in meiner Wut wohl sehr furchterregend und gefährlich gewirkt haben.

Als ich kurz von ihm abließ, riss Dirk die Fahrertür zu und gab Gas.

»Schweinehunde, Arschlöcher, feiges Pack«, schrie ich hinterher. Nur langsam klang die Wut ab. Die gesamte obere Etage war ohne Renovierung nicht bewohnbar. Bis heute weiß ich nicht, was der Grund für seinen Auszug gewesen war. Er hätte ja mal was sagen können. Deshalb wohnte ich jetzt mit meiner Süßen ganz allein im Haus.

Achim sagte, er versuche, den Stoff möglichst schnell zu verkaufen und verschwand. Der hatte Nerven, wie sollte ich meinen Anteil loswerden? Diese Branche war mir völlig fremd.

Ich wollte Paul fragen, denn er müsste Bescheid wissen in der Szene. Paul sollte eruieren, was das Zeug wert war und möglicherweise einen Deal einleiten. Natürlich gegen einen angemessenen Anteil.

»Der Klein-Deal bringt natürlich viel mehr ein«, sagte Paul sofort.

»Na, das hätte ich mir auch selbst zusammenreimen können.«

Blöd, ich war seinen Aussagen vollkommen ausgeliefert. Der konnte mich nach Strich und Faden bescheißen. Das hatte ich mir selbst eingebrockt. Nun musste die Suppe ausgelöffelt werden.

Sowieso schon von Schlafstörungen heimgesucht, konnte ich jetzt kaum noch pennen. Bei jedem Geräusch zuckte ich zusammen und dachte: Jetzt kommen sie und verhaften dich!

Weil ich kein Telefon hatte, klingelten zu jeder Tages- und Nachtzeit die stoffgeilen Kiffer an meiner Haustür, was das Nervenkostüm zusätzlich belastete. Paul, der Idiot, hatte nicht dichtgehalten. Irgendwann war ich so genervt, dass ich Paul den ganzen Rest auf einmal anbot. Er hat mich wahrscheinlich gehörig übervorteilt.

Ab und zu kam Achim und holte etwas größere Mengen ab. Ich bat ihn, sich zu beeilen, um die Tüten nicht länger auf dem Dachboden zu haben. Er werde sich Mühe geben, ließ er vernehmen. Ich wusste nicht, wie lange ich es noch aushalten musste.

»Nie wieder befasse ich mich mit Branchen, in denen ich nicht zumindest ein bisschen Bescheid weiß«, nahm ich mir vor.

Erwischt haben sie mich jedenfalls nicht. Dann aber hieß es, die Belohnung musste her, und wir machten uns auf zu vielen Wochen Inselhopping in Griechenland.

Als wir wieder zurück waren, war der Garten ziemlich verwildert und in der Küche feierten die Ameisen Partys. Die Mistviecher waren durch die Ritzen des Fußbodens eingedrungen. Cindy ging wieder arbeiten und ich zog mich immer weiter in mein Schneckenhaus zurück.

Im Urlaub hatten wir eine Gruppe Aussteiger besucht, die

sich auf einer griechischen Insel Land und zwei Buchten gekauft hatten. Als im Stern über diese Leute berichtet worden war, hatten wir beschlossen, uns das anzusehen. Es handelte sich um hundert Menschen, von denen jeder zehntausend Deutsche Mark investiert hatte. Sie wollten versuchen, in Griechenland autonom zu leben, das hieß, eigene Landwirtschaft zu betreiben. Sie hatten jedoch blauäugig gehandelt.

Der Boden war sehr steinig und Wasser war auf der Insel rar. Mit einer Meerwasserentsalzungsanlage wollten sie das Problem lösen. Sie berichteten uns von den Schwierigkeiten mit dem griechischen Landvolk, das die deutschen Mitbürger misstrauisch beäugte. Die Behörden verlangten den Bau von Häusern aus Stahlbeton wegen der Einsturzgefahr bei Erdbeben. Das wiederum wollten die neuen Insulaner nicht. Die Pioniere wollten aber nicht so schnell aufgeben.

Ein weiteres Problem ergab sich aus der Mischung der Leute. Da traf der bayrische, bodenständige Jungbauer auf den Kreativen aus der Hamburger Werbebranche.

Die Diskussionen, die ich dort verfolgt habe, hinterließen bei mir den Eindruck, dass das Projekt in dieser Form nicht klappen würde. Obwohl ich ebenfalls in meiner romantischen Naivität mit Aussteigertum, Landwirtschaft und einem autonomen Leben geliebäugelt hatte, war ich nach dem Besuch einigermaßen geläutert.

In diese Richtung war also auch keine Flucht möglich. Ich wusste nicht, wie es weitergehen sollte, und saß manchmal wie paralysiert in der dunklen Hütte. So gingen die Monate ins Land und es wurde Winter. Meine psychosomatischen Anfälle kamen jetzt öfter und vermiesten mir so manch schönen Moment, wie zum Beispiel Restaurantbesuche oder ein Konzert mit Jango Edwards im ›Logo‹, einem Hamburger Musikclub. Ich hatte mich sehr auf diesen Rock-'n'-Roll-Clown gefreut und habe nichts mitbekommen, weil ich gleich nach dem Anfang des Konzertes das ›Logo‹ verlassen musste.

Cindy dürfte mich wirklich geliebt haben, um das alles mit mir durchzustehen.

Ich kämpfte aber stets gegen die Sucht, denn ich hätte mich ja für solche Fälle vorher volldröhnen können. Das wollte ich aber nach wie vor nicht.

33

Schneekatastrophe
So weit die Füße tragen

Cindy kam jetzt mit dem Firmenwagen nach Hause. Unser Audi hatte ja beim Unfall einen Totalschaden erlitten. Nachmittags begann es zu schneien und wir freuten uns über den Schnee. Wir kochten uns heißen Punsch und fühlten uns ganz wohl in unserem kleinen Haus, in dem die Öfen ordentlich gefüttert wurden und behagliche Wärme ausstrahlten.

In der Nacht wurden wir durch Sirenengeheul geweckt, das sehr nah zu sein schien.

»Das ist doch bei uns vor der Tür«, sagte Cindy, und ich stand auf, um aus dem Wohnzimmerfenster zu sehen.

Schon in der Küche gewahrte ich einen hellen Lichtschein. Das schräg gegenüberliegende Gebäude, das eine Wurstfabrik beherbergte, brannte lichterloh. Mehrere Löschzüge der Feuerwehr waren in klirrender Kälte bei der Arbeit. Glücklicherweise war das Haus zu weit entfernt, um uns zu gefährden. Nach einigen Stunden hatten sie das Feuer gelöscht und zogen wieder ab.

Am nächsten Morgen kam Cindy, die das Haus gerade auf dem Weg zur täglichen Fron verlassen hatte, überraschenderweise nach zwei Minuten wieder zurück.

»Das musst du dir mal angucken.«

Der Creativshop-Wagen war direkt vor der Fleischfabrik geparkt und wies jetzt eine Eisschicht von circa fünfzehn Zentimeter Dicke auf.

»Gefrorenes Löschwasser«, stellte ich fest, »den kannst du erst wieder benutzen, wenn es getaut hat.«

»Scheiße, jetzt muss ich mit dem Bus fahren. Wer weiß, wann ich dann in der Firma bin.«

»Ja, und bei dem Schneetreiben fließt der Verkehr auch nicht wie sonst.«

»Heute muss ich unbedingt nach Hamburg, ich wollte doch noch bei meiner Mutter vorbei. Die jammert mir schon tagelang die Ohren voll, weil sie wieder Ärger mit ihrem österreichischen Seemann hat.« Es war gar nicht so selten, dass die Schluchtenscheißer sich für diesen Beruf entschieden.

»Der Arsch macht nur Mist und sie schickt ihn trotzdem nicht zum Teufel. Irgendwie hat sie auch selbst Schuld. Na ja, es ist halt meine Mutter.«

Sie entschwand zur Bushaltestelle und ich betrachtete das immer stärker werdende Schneetreiben. Die Lage wurde dadurch noch verschärft, dass ein eisiger Wind blies, der dafür sorgte, dass sich der Schnee an manchen Stellen des Deiches türmte. Laufend fuhren Schneepflüge, um die Straßen befahrbar zu halten. Das sah mir verdächtig nach Sisyphusarbeit aus.

Ich kochte mir eine Kanne Tee, frühstückte und machte mich daran, den Weg zum Schuppen, in dem sich der Heizöltank für die Öfen befand, freizuschaufeln. Ein bisschen Spaß machte mir dieser Ausnahmezustand schon, denn er brachte Farbe in meinen Alltag. Als ich mächtig gegen das immer stärker werdende Schneetreiben angeschaufelt hatte, war das Gefühl beim Trinken einer heißen Hühnerbrühe wohliger als sonst und ich dachte: Die hast du dir jetzt redlich verdient.

Wie köstlich konnte so eine Brühe doch sein, wenn man vorher geackert und gefroren hat.

Selbst am Tag war es draußen nicht richtig hell. Im Haus war es dadurch sehr düster. Gegen Abend überlegte ich mir, was ich für mich und meine Süße kochen sollte und wartete auf ihre Heimkehr. Dass sie eine Stunde überfällig war, war bei dem Wetter noch normal. Zwei Stunden später war sie immer noch nicht zu Hause. Jetzt fiel mir auf, dass schon seit Langem kein Bus mehr vorbeigefahren war. Zum ersten Mal bereute ich es, kein Radio zu haben. Ich wusste nicht, was Sache war. Wahrscheinlich war der Verkehr zusammengebrochen. Nichts fuhr mehr. Ich kombinierte, dass meine Kleine bei ihrer Mutter in Hamburg-Eimsbüttel geblieben war, und richtete mich auf eine einsame Nacht ein. Das nächste Telefon befand sich nicht weit vom Haus entfernt. Ich wollte zumindest wissen, dass bei Cindy alles im grünen Bereich war, und war zudem neugierig über ihren Kenntnisstand der Situation.

Ich stapfte durch den Schnee zum öffentlichen Fernsprecher. Durch den Wind war es saukalt. Ich warf das Geld ein und wartete. Nach kurzer Zeit war mein Engel am Telefon. Sie hatte schon auf meinen Anruf gewartet.

»Scheiße, ich komm hier nicht mehr weg«, sagte sie genervt, »und wenn das so weitergeht, dann morgen erst recht nicht.«

»Ist Charly da?«

»Nein, der hat wieder angeheuert, und meine Mutter überlegt jetzt, ob sie ihn endgültig in die Pampa schickt. Sie hat die Nase voll von dem Suffkopp.«

»Na ja«, wollte ich mich selbst beruhigen, »solange noch ein paar Lebensmittel und Wein da sind, werd ich 's überleben ohne dich. Aber Sehnsucht habe ich jetzt schon.«

»Ich auch, mein Schatz. Es ist höhere Gewalt. Vielleicht möchte das Schicksal uns mal zeigen, wie es ist, wieder allein zu sein«, meinte sie.

»So als kleine Warnung, wenn wir uns streiten und ich mir denke, was soll ich eigentlich bei der dusseligen Kuh. Also, lass dich nicht von deiner Mutter nerven und sei froh, dass Charly nicht da ist.«

»Ja, Schatz, ruf morgen wieder an.«

»Mach ich, tschüs.«

»Tschüs.«

Ich legte auf und trollte mich. Erst einmal einen Punsch und etwas zu essen war jetzt die Devise. Als ich satt war und der Alkohol ins Blut stieg, ging es wieder los. Dieses Mal konnte ich mir das gut erklären, denn ich fühlte mich allein und ausgeliefert. Erklärung hin, Erklärung her, die Nacht war furchtbar. Ich versuchte bei Licht zu schlafen, weil ich dachte, dass mich im Dunkeln die Dämonen abholen. Mit rationalen Gedanken war dem nicht beizukommen. Die Angst und das Unbehagen waren schlimmer.

Am nächsten Morgen öffnete ich die Haustür und sah statt der Straße nur weiß. Und was ich sah, war keine weiße Straße, sondern eine weiße Wand. Der Schnee hatte sich bis zur Dachrinne aufgetürmt.

Mit einem »Ach du Scheiße«, stürzte ich zur Hintertür. Hier war es möglich, hinauszugelangen und wieder einen Weg zum Schuppen zu bahnen. In weiser Voraussicht hatte ich Schaufel und Schneeschieber gleich neben der Tür zum Garten deponiert. Den Weg zum Schuppen freizuschaufeln war harte Maloche. Ich füllte die Tanks der Ölöfen vorsichtshalber randvoll. Beim Frühstück dachte ich mir, noch eine Nacht ohne Cindy musste ich nicht haben, aber das Wetterchaos war perfekt. Wie sollte ich hier wegkommen? Fuhren in Hamburg überhaupt Bahnen und Busse? Und wenn ja, dann ab wo? Mit der Bahn konnte ich erst ab Altona wieder weiterfahren. Ich musste also zwangsläufig den Bus nehmen. Der Gedanke, hier wegzukommen, schmolz dahin. Die Straßen waren bei diesem Chaos am schwierigsten frei zu halten. Ich musste erst wieder telefonieren.

Cindy konnte Nachrichten hören und fernsehen. Ich erfuhr von ihr, dass Panzer eingesetzt würden, um die Straßen wieder befahrbar zu machen. Die Busse würden teilweise fahren, aber in Richtung Altona erst ab der Ortsmitte von Finkenwerder. Ich schluckte und sagte ihr, ich würde es trotzdem versuchen. Mein Vorhaben bedeutete, dass ich mich circa fünfzehn Kilometer durch den Schnee kämpfen musste. Ich wusste aber nicht, was mich am Elbdeich erwartete, wo das Land offen war. Der Schneesturm wurde hier nicht durch Bebauung gebremst. Im Frühling hätte ich über diese Entfernung gelacht und mich sofort auf den Weg gemacht. Bei diesem Unwetter musste man sich schon besser vorbereiten. Auf der anderen Seite wollte ich auf keinen Fall noch eine Nacht allein verbringen, und zusätzlich war die Sache eine Herausforderung.

Ich erinnerte mich an Fernsehreportagen, die sich mit Polarforscher- oder Bergsteigerthemen befassten, und wusste, dass ein Mensch in der Kälte viel Energie verliert. Cindy hatte sich einen kleinen Schokovorrat angelegt, den ich jetzt plünderte. Dann kochte ich eine Kanne Tee und goss sie in die Thermosflasche. Von der Bundeswehr besaß ich noch lange, olivfarbene Unterhosen, und den Parka hatte man nach der Wehrdienstzeit auch behalten dürfen. Im Nachhinein war die Truppe doch noch zu etwas gut. So ausstaffiert und mit dicken Socken und Winterstiefeln machte ich mich auf in die Kälte.

Oben auf dem Deich, im Schutz der Häuser, konnte man ganz gut gehen. Vereinzelt versuchten Leute, ihre verschneiten Einfahrten freizuschaufeln. Ein älterer Mann, den ich nur vom Sehen kannte, fragte mich: »Wo wiss du denn hin, mien Jung?«

»Ich geh nach Hamburg.«

So ein erstauntes Gesicht hatte ich schon lang nicht mehr gesehen.

Jemand fragte mich, ob ich zum Krämer wolle, der hätte nicht mehr viel zu bieten und ob ich etwas bräuchte. Die Menschen waren plötzlich wie ausgewechselt. Es herrschte eine Atmosphäre von Freundlichkeit und Hilfsbereitschaft. Warum braucht ihr erst eine Katastrophe, um das Maul aufzukriegen?

Wäre doch nett, wenn es immer so wäre, dass man sich um den anderen kümmert. Ich lehnte mich gegen den Wind und ging weiter. Kurz vor dem Ortsausgang nahm ich einen kräftigen Schluck Tee und aß einen Riegel Schokolade. So, Junge, nu' wird 's heftig.

An der Elbe machte ich Bekanntschaft mit Sankt Püsterich. Die einzige Möglichkeit durchzukommen war, sich auf dem Deich zu bewegen. Die Verwehungen hatten die Straße bis auf halbe Deichhöhe geschluckt. Ab und zu schaute ein Autodach aus dem Schnee heraus. Panzer mit Schneeschiebern kamen mir entgegen. Wer sein Auto nicht akkurat am Straßenrand abgestellt hatte, musste damit rechnen, eine beschädigte Karre vorzufinden.

Ich musste an die Expedition von Amundsen und Scott denken und kam mir dabei lächerlich vor. Du gehst hier durch zivilisiertes Gebiet und die Jungs waren buchstäblich am Arsch der Welt. Völlig auf sich allein gestellt. Was für Helden. Was für ein Kraftakt. Aber was hatte sie angetrieben, so etwas zu tun? Die Gier nach Ruhm oder die Neugier des Entdeckers? War es die Herausforderung gewesen, die Natur zu besiegen? Was für ein Irrsinn war dieser Gedanke im Angesicht der begrenzten menschlichen Möglichkeiten. Scott hatte die Arschkarte gezogen, weil er glaubte, mit Pferden durchzukommen. Amundsen hatte ganz klar auf Hundeschlitten und Ski gesetzt. Seine Herkunft und seine Erfahrungen waren ihm hierbei von Vorteil gewesen.

Ich teilte meine Wanderung in Etappen ein. Erste Etappe: bis zum Ortsausgang Cranz. Die hatte ich genommen und befand mich jetzt auf der Geraden bis zur ersten Kurve.

Lange Geraden haben die schlechte Angewohnheit, unendlich zu erscheinen. Mein Ziel rückte zu langsam näher. Das Dunkelgrau des Himmels vereinigte sich mit dem grauen Wasser der Elbe zu einer konturlosen, übergangsfreien Masse.

Der Rotz aus meiner Nase floss auf meinen Schnurrdiburr,

den ich über der Oberlippe trug. Erinnerungen an die Kindheit wurden wach, als ich den sogenannten »Schnodder« einfach wegleckte. Das ging doch ganz gut. Man ersparte es sich, die Handschuhe auszuziehen und kriegte keine kalten Hände.

Die zweite Etappe ließ ich hinter mir und bog auf die lange, schnurgerade Strecke zum Ortseingang von Finkenwerder ein.

Was musste der Alte in Russland erlebt haben! Wenn er sein Rendezvous mit Väterchen Frost nicht abgebrochen hätte, als er im Schnee gelegen hatte, verwundet durch einen Granatsplitter im Handgelenk, wäre ich heute nicht hier.

Er hatte mir erzählt, dass er damals immer müder geworden und schon über die Frierphase hinweg gewesen war. Es hatte ihm schon nichts mehr wehgetan. Aber der Wille zum Überleben hatte ihm geholfen, sich weiterzuschleppen, bis er bei seinen Kameraden war. Bei der Aktion hatte er seine Hand verloren. Sie war nicht mehr zu retten gewesen und musste amputiert werden.

Meine Sorgen wirkten bei diesen Gedanken geradezu winzig. Wir Kinder des Wirtschaftswunders waren doch im Vergleich zu diesen Menschen Weicheier.

Stapf, stapf, stapf. Schritte zu zählen, war langweilig.

»Geh meditativ«, sagte meine innere Stimme.

Ich hielt nur kurze Zeit durch, dann kamen die Gedanken wieder zurück. Vielleicht klappte es mit einem Mantra.

»Om-go, om-go, om-go«, das lullte einigermaßen ein.

Um nicht zu viel Energie zu verschwenden, flüsterte ich es leise vor mich hin. So hatte ich die dritte Etappe genommen.

Der Ortseingang von Finkenwerder beendete meine Meditation. So, mein Kleiner, jetzt noch einmal alles geben. Warum müssen diese verfluchten Dörfer bloß so elendig lang sein? Bis zum Ortskern waren es noch einige Kilometer.

Die nächste Assoziation in meinem kalten Schädel befasste sich mit einem der Straßenfeger des 60er-Jahre-Fernsehens. Der Film bestand aus mehreren Teilen und handelte von der

Flucht eines deutschen Soldaten aus der russischen Gefangenschaft. Der Titel war ›Soweit die Füsse tragen‹. Bei jeder Folge dieses Streifens waren die Straßen leer gefegt wie bei der WM. Ich versuchte mir zum Zeitvertreib die Handlung ins Gedächtnis zu rufen, was mir aber nicht besonders gut gelang.

Wie glücklich mussten die Bewohner von Finkenwerder, die an der Hauptstraße wohnten, doch in diesen Tagen sein. Kein Lärm, kein Gestank durch Autoverkehr. Diese Straße war sonst so stark frequentiert wie die B 73, eine der meistbefahrenen Bundesstraßen Deutschlands. Lebensqualität konnte ich mir hier unter normalen Umständen nicht vorstellen. Ich wünschte den Anwohnern noch viele ruhige Tage.

Der Ortskern rückte langsam, aber sicher näher. In einigen Hundert Metern Entfernung meinte ich, eine Menschentraube zu sehen. Als ich näher kam, gerann mein Wunsch, der Vater dieses Gedankens, zur Realität. Die Leute warteten auf einen Bus. Hoffentlich kam zuerst der 150er nach Altona.

Die Wartenden waren in Gespräche vertieft und lachten. Jeder hatte etwas zu erzählen, ich sah freundliche Gesichter. Auf mich machte das den Eindruck, als wäre ich in einem südlichen Land.

Im Bus ging es genauso zu. Was war mit den Menschen passiert? Ich war im Bus immer kommunikativ. Manchmal wurde ich wie ein Alien angeguckt, weil ich wildfremden Leuten etwas zu sagen hatte. Besonders die Männer reagierten erstaunt und maulfaul. Möglicherweise fragten sie sich: Ist der schwul?

Jetzt redeten sie alle. Und ihre Gesichter bewegten sich sogar, sonst waren Mimik und Gestik rar. Manchmal hatte ich den Eindruck, die Mitreisenden würden unter peripherer Fazialislähmung leiden. Da waren nur versteinerte, traurige Gesichter der Menschen, die unter dem täglichen Trott litten, sich aber anscheinend damit abgefunden hatten. Unbeseelte Hüllen auf dem täglichen Gang nach Canossa, die sich jeden Tag erniedrigten in einer entfremdenden Tätigkeit. Buckelnd vor den Bossen. Erfüllungsgehilfen für eine glücklichere Welt, an der sie nie teilhaben würden. Doch sie bekamen diese bessere Welt jeden Tag im Fernsehen vorgesetzt.

Der einzige, unwahrscheinlichste Weg, der Sklaverei zu entfliehen und auch in der Welt der Schönen und Reichen leben zu können, war der Lottoschein, den ich immer den »proletarischen Strohhalm« nannte. Leise sang Springsteen in meinem Kopf.

»Early in the morning, factory whistle blows,
man rises from bed and puts on his clothes ...«

Jetzt, da ich die fröhlichen Menschen sah, wurde mir bewusst, dass auch ich so versteinert werden könnte und beschloss, diesem grauenhaften Trott soweit wie möglich zu entgehen.

Altonaer Bahnhof. Die Bahnen fuhren. Nach einiger Zeit tauchte ich an der Osterstraße aus dem Untergrund auf und ging die letzten Schritte zum Hellkamp, so hieß die Straße, in der meine zukünftige Schwiegermutter wohnte. Ich bedankte mich bei irgendeiner höheren Macht und drückte auf den Klingelknopf. Selten war ich so froh, meine Liebste zu sehen und sogar meine Schwiegermutter. Wer kann das schon von sich behaupten.

Im Folgenden bekam ich Vollversorgung: heiße Suppe, Rumgrog und einen Platz auf dem Sofa inklusive einer wärmenden Decke. Es durchfloss mich ein heißes Glücksgefühl, das aufgrund seiner Intensität kaum zu ertragen war.

War das schön.

Im Fernsehen verfolgte ich das ganze Ausmaß der Katastrophe. Dörfer waren eingeschneit, es gab Stromausfälle und außerhalb der Metropolen war der Verkehr im Norden zusammengebrochen. Mir wurde bei diesem Anblick bewusst, wie abhängig wir von den Verkehrsmitteln und insbesondere von Elektrizität waren. Gut, dass ich die Öfen im Cranzer Haus auf kleiner Flamme hatte brennen lassen. Wir würden wohl etwas länger hier verweilen müssen und hätten bei der Rückkehr ein völlig ausgekühltes Haus gehabt.

Die Nacht wurde mit einem herrlichen Abendfick im elterlichen Ehebett eingeleitet. Ich registrierte dabei, warum es ausgesprochen vorteilhaft war, einen großen Spiegel im Schlafzimmer zu haben.

ZEHN

34

Entzug
Einbildung kann ganz schön schlimm sein

Die folgenden Monate waren geprägt von meinen Anwandlungen. Ich wurde immer öfter von ihnen heimgesucht und ich hatte den Eindruck, die Pillen würden das Geschehen eher verschlimmern als verbessern. Ich erschrak über die Aggressionen, die ich durch den ewigen Frust aufgebaut hatte. In Tagträume mischten sich schemenhafte Gedankenfetzen, in denen ich Menschen verletzte. Das konnte ich nicht mal in der Fiktion akzeptieren.

Aber die Wut war da! Ich lenkte sie um auf mich selbst und stellte mir vor, mich mit einem Messer zu verletzen. Ich hatte von Leuten gehört, die das in die Tat umsetzten und die sich Schnittwunden in die Arme ritzten.

Dieser Schreck trieb mich zu meinem Neurologen, der mich darauf hin zu einer Gesprächstherapie in die Eppendorfer Klinik schickte. Die Therapeutin begrüßte mich und sagte mir, ich solle mich noch etwas gedulden, und ich wartete. Die schon vorher gespürte Unruhe steigerte sich und meine Angst wurde immer größer. Ich haute wieder ab, weil ich einen Horror davor hatte, was diese Dame wohl aus den schlammigen Sümpfen meiner Psyche hervorholen würde.

Nachdem ich das meinem Arzt gebeichtet hatte und ihm sagte, dass die Pillen den ganzen Kram nur verschlimmerten, gab er mir einen folgenschweren Auftrag: »Herr Prank, Sie werden sofort alle Medikamente wegwerfen. Sie werden Panik und Angst bekommen. Sie werden vielleicht etwas länger nicht schlafen können. Aber eines muss Ihnen bewusst sein: dass Ihnen nichts passieren wird. Wenn Sie sich immer wieder vor Augen halten, dass Ihnen nichts passieren kann und diese Angst nur in Ihrer Einbildung besteht, werden Sie die Tablettensucht loswerden. Sie müssen daran denken, was Sie damit gewinnen. Sie gewinnen Unabhängigkeit. Ich kann Ihnen nicht versprechen, dass die psychosomatischen Symptome nicht wiederkommen. Aber ich bin sicher, dass in Ihrem Fall die Pillen nicht weiterhelfen. Im Gegenteil. An Ihrer Stelle würde ich es so machen und noch einmal einen Anlauf für eine Gesprächstherapie versuchen. Alles Gute, Herr Prank, und viel Glück.«

Tief in mir drin wusste ich, dass der Mann recht hatte. In mir reifte der Plan, die fiesen Mitbewerber aus meinem Kopf zu vertreiben. Ich wartete das Wochenende ab, weil Cindy dann nicht zur Arbeit musste.

Ich stand vor der Kloschüssel und hatte alle Röhrchen in der Hand. Es musste sein. In einem entschlossenen Augenblick schüttete ich alles hinein und betätigte die Spülung. Furcht vor den Konsequenzen meines Tuns mischte sich mit einem Befreiungsgefühl. Ich würde den Kampf aufnehmen und ich würde siegen.

Die folgende Nacht schlief ich kaum, weil ich immer mit Angriffen rechnete. Ich dachte, wenn ich schliefe, verlöre ich die Kontrolle und es würde mich wieder ereilen. Aber es passierte nichts, außer das ich völlig übermüdet war. Am zweiten Abend überkam mich die Angst, dass ich jetzt keinen Arzt mehr aufsuchen könnte, um mir die Droge zu verschaffen. Dieser Gedanke wuchs sich zur Panik aus und ich schlug mir wieder einmal mit den Händen gegen den Kopf, so als könnte ich die Seuche herausschlagen. Meine Muskeln verspannten sich und ich hatte das Gefühl, ich müsste einen Krampf abwehren, der mit mir machen würde, was er wollte. Selbst mein Mund war so gespannt, dass mir alle Zähne wehtaten. Ich zerkratze mir die Arme und Beine.

Cindy war immer bei mir und sagte mir, ich solle durchhalten.

Das ging die halbe Nacht so weiter bis zur völligen Erschöpfung. Ich war so gerädert, dass ich nicht schlafen konnte, was wiederum meinen Zustand verschlimmerte. Meine Kraft begann langsam zu schwinden, aber ich dachte immer an die neue Unabhängigkeit.

Am nächsten Tag zuckten meine Muskeln unwillkürlich. Die Macht hatte wieder voll von mir Besitz ergriffen. Ich schwitzte und fror abwechselnd, nein, sogar gleichzeitig.

»Herr Prank, Ihnen kann nichts passieren, denken Sie daran, dass das alles Einbildung ist!«

Einbildung kann ganz schön schlimm sein. Wieder war an Schlaf nicht zu denken. Langsam schlichen sich Halluzinationen ein. Außerdem war mir schwindlig, wenn ich aufstand. Ich sah nicht direkt Dinge, die nicht da waren, die Perspektiven waren manchmal arg verzerrt und ich befand mich zeitweise in anderen, unbeschreiblichen Welten.

Die letzten Tage hatte ich nur Tee und Brühe zu mir genommen. Von Hungergefühl keine Spur. Ich hatte nur einen Gedanken: schlafen, schlafen, schlafen. Weg sein, nichts mehr merken. Wann würde diese Tortur ein Ende haben?

Der vierte Tag. Jetzt war ich so erschöpft, dass ich zeitweise wegnickte, um im nächsten Moment panisch wieder hochzufahren. Immer im Wechsel. Kurzes Einnicken, erschrecktes Aufwachen. Das ging immer so weiter, ob es Tag oder Nacht war.

Wenn ich mich recht erinnere, bin ich am fünften Tag in einen traumlosen Schlaf gesunken.

Als ich nach vielen Stunden erwachte, wusste ich erst einmal nicht, wo ich mich befand oder ob Tag oder Nacht war. Ach ja, jetzt erinnerte ich mich: »Ich heiße Udo Prank und wohne in Cranz. Und dort bin ich gerade.«

Mein Körper tat von den Fußsohlen bis in die Haarspitzen weh. So musste ein überdimensionierter Kater sein. Mein zweiter Gedanke war: Nie wieder in meinem verfluchten Leben rühre ich solche Pillen an!

Ich war stolz auf mich. Der Preis war hoch, aber ich hatte es geschafft. Dieses Mistzeug war ich los. Meiner Gefährtin war ich sehr dankbar, dass sie das mit mir durchgestanden hatte.

Doch einige Tage später wartete schon das nächste Martyrium. Ich bekam eine Mundschleimhautentzündung. Mein Zahnfleisch war mit einem weißen Belag überzogen und tat höllisch weh. Wenn jemand nur in die Nähe meiner Gesichtsaura kam, schmerzte das Maul.

Ich konnte wiederum tagelang nichts essen und wurde immer dünner. Mein Aussehen konnte man, auf gut Deutsch, als beschissen bezeichnen. Blass, dunkel geränderte Augen, picklige Haut.

Der Mensch gewöhnt sich an alles, dachte ich.

35

Hinterbrack
»Keine Gardinen?!«

Im Haus Nr. 1 hatte ich Andy kennengelernt. Er hatte einige Male bei einer Jazzband Bass gespielt, die ab und zu im Nr. 1 auftrat. Wir verstanden uns auf Anhieb gut, denn sein Humor lag auf meiner Wellenlänge.

Cindy und ich hatten gerade das Abendbrot verputzt, als es klingelte. Draußen stand eine hübsche, junge Frau, die sich als Andys Freundin vorstellte. Sie erzählte mir, dass sie mit Andy einige Kilometer weiter in Richtung Stade auf einem Kirschhof wohnte. Andy hatte der Obstbäuerin einen steinernen Schuppen abgeluchst und diesen zu einem kuscheligen Zweizimmerhäuschen ausgebaut. Auf dem großen Grundstück würde sich noch ein Gesindehaus befinden, welches von einer etwas seltsamen WG bewohnt würde. In dem Haus wohnten ein junges Pärchen und ein alter Mann.

»Astrid und Wolfgang werden in Kürze ausziehen«, sagte Michaela, »sie gehen nach Algerien. Sie wollen nur in der oberen Etage ein kleines Zimmer behalten, als Rückzugsgebiet und als Bleibe für Besuche. Das heißt, die ganze untere Etage wird frei. Andy hat mir von euch erzählt. Er meinte, ihr wärt ein nettes, lockeres Paar und da bin ich auf die Idee gekommen, ob ihr vielleicht Lust hättet, in Hinterbrack einzuziehen. Ich habe ein bisschen Angst davor, dass da sonst vielleicht konservative Leute das Haus in Beschlag nehmen, denn das würde den freien Charakter des Hofes verändern.«

»Wie groß ist die Hütte denn?«, fragte ich.

»Das Haus ist ganz schön groß. Die untere Etage hat drei große Zimmer und eine Wohnküche. Außerdem ein Bad mit Badewanne.«

»Klingt gut, wir können uns das ja mal anschauen. Wollen wir das sofort machen?«

»Warum nicht. Kommt doch gleich mit.«

Cindy war von der Idee angetan, denn sie fand Michaela sympathisch und fühlte sich manchmal hier im Haus ein bisschen auf einem verlorenen Posten.

Wir folgten Michaela mit unserem nagelneuen, knallroten Kastenwagen der Marke Renault R4 F6, der mit Gardinen versehen war und in dem wir auf Reisen schlafen wollten.

Das Gesindehaus lag in guter Entfernung zur Straße. Das würde mehr Ruhe bedeuten. Bevor man auf das Grundstück kam, musste man eine kleine Brücke überqueren, unter der sich ein Wettern befand, der ins fünfzig Meter entfernte Brack mündete. Das sah schon mal ganz gemütlich aus.

Die untere Etage war tatsächlich sehr geräumig. Es gab einen Raum nach hinten zum Kirschhof, den man als Schlafzimmer nutzen konnte und zwei große Zimmer, die ineinander übergingen, wenn man sie nicht durch die Schiebetür trennte.

»Perfekt«, sagte mein Schatz, »Wohnzimmer und Esszimmer. «

»Und es ist hell, ich bin ja fast geblendet, wir sind aus unserem Haus Licht nicht gewöhnt.«

Wir lachten und waren innerlich schon eingezogen.

Das Haus hatte große Sprossenfenster, durch die viel Licht fiel. Die Küche war groß und das Bad war auch okay.

»Und ihr wohnt in dem Hexenhäuschen da hinten?« fragte ich Michaela.

»Ja, und das mietfrei. Den Schuppen hat Andy Berta, der Vermieterin, ganz billig abgeschnackt. Er hat aber auch viel Arbeit investiert. Den Schornstein zum Beispiel hat er selbst gemauert.«

»Respekt, das könnte ich nicht.«

»Kommt mit, wir gehen rüber.«

Wir betraten die Minibude und fühlten sofort die gemütliche Atmosphäre. Das Haus war wirklich klein. Unten befanden sich eine Kochnische und ein Wohnraum. Eine steile Holztreppe führte in das darüber liegende Schlafzimmer. Unten war noch ein kleines Bad mit Dusche. Das war 's.

»Klein, aber fein«, bemerkte Andy. »Hallo, wie gehts euch? Ich habe schon gesehen, dass ihr gekommen seid und einen Punsch aufgesetzt.«

Auf einem Kohleofen, der mächtig bollerte, stand ein Topf mit aromatisch duftendem Rotweinpunsch.

»Das habt ihr hier aber gut hingekriegt«, sagte ich. »Da habt ihr sicher den einen oder anderen Schweißtropfen vergossen, was? «

»Das meiste hat Andy gemacht.«

»Ja, ja, den einen oder anderen Tropfen Schweiß habe ich vergossen.« Andy verstand meinen Humor.

Sehr sympathisch, diese Leute.

»Was ist das für ein Vogel, der da drüben wohnt?« wollte ich wissen.

»Fritz ist ein Freak. Er ist zwar schon neunundsechzig Jahre alt, war aber vor Kurzem noch im ›Grünspan‹, weißt du.

Diese Disco in Hamburg auf dem Kiez. Fritz ist ein Unikum, der wirkt wie ein Vierzigjähriger, weil er ganz schön schlank ist und fit aussieht. Und er ist gebildet. War, glaube ich, früher Journalist, politisch links und musste im Dritten Reich nach Ungarn fliehen, wo er sich als Deutschlehrer durchschlug. Mit dem kann man nicht nur gut zusammenwohnen, sondern auch noch einiges von ihm lernen.«

In Andys Worten schwang so etwas wie Bewunderung mit. Er hielt, vermutete ich, sehr viel von Fritz. Cindy und ich kommunizierten mit Blicken und sie brachte es dann wieder auf den Punkt: »Schätze, wir sind schon zu 99,9 Prozent eingezogen. Aber man soll ja immer noch mal 'ne Nacht drüber schlafen.«

»Wir würden uns jedenfalls freuen, wenn ihr einzieht.«

Mit diesen Worten wurden wir verabschiedet und fuhren Pläne schmiedend nach Cranz zurück.

Unsere jetzige blöde Vermieterin machte uns die Entscheidung leicht. Sie gab uns den letzten Kick, unser bisheriges Haus zu verlassen. Sie war eine Prüf- und Quengeltante. Eine echte Blockwartin.

Eines Tages rückte eine Delegation bestehend aus wichtig dreinschauenden Beamten, Anwälten und der Vermieterin an und zertrampelte unseren Garten. Der Nachbar hatte eine Kneipe und einen Kaffeegarten. Diesen hatte er mit einem hohen Zaun umgeben, um bei Regen eine Plane spannen zu können. Nun hatte dieser Zaun in gut zweikommafünf Metern Höhe einige Querbalken, die die Lufthoheit über unserem Mietgrundstück um fünf Zentimeter verletzten. Das war der ordnungsliebenden Dame ein Dorn im Auge. Aufgrund dessen hatte sie einen Prozess angestrengt.

Wir dachten, wie hoch über einem Grundstück gehört einem die Luft? Zehn Meter oder bis in die Stratosphäre?

Dieses Erlebnis gab den Ausschlag. Leider konnten wir es uns nicht leisten, die dreimonatige Kündigungsfrist sausen zu lassen und mussten noch ausharren. Dann packten wir unseren Kram zusammen und siedelten nach Hinterbrack um.

Mittlerweile war es Frühling geworden. Diese Jahreszeit verwandelt das Alte Land in ein Paradies. Der Blick vom saftiggrünen, von gelben und weißen Blumen übersäten Deich, auf das Blütenmeer der Obstbäume, welches sich bis zum Horizont fortsetzte, hinterließ einen unvergesslichen Eindruck. Im Rücken die Elbe, auf der ein großer Pott vorbeiglitt und, wenn man Glück hatte, gerade die Schiffssirene dröhnte. Wem dabei das Herz nicht aufging, der sollte sich notschlachten lassen. In diesem Blütenmeer konnten wir jetzt wohnen, denn das Haus stand direkt im Kirschhof.

Fritz hatten wir auch schon kennengelernt. Er war ein charismatischer, stets gut gelaunter Mensch, der Frieden und Ruhe ausstrahlte. Sein Verhalten war von Toleranz und Offenheit geprägt.

Die Hauseigentümerin war eine Altländerin, wie sie im Buche steht. Misstrauisch jeglichen Veränderungen gegenüber, traditionsbewusst und verschlossen. Sie hatte aber auch gute Seiten. Zum Beispiel gefiel uns die Handschlagart der Bauern, die für sie genau so viel wog wie ein schriftlicher Vertrag. Als wir uns vorstellten, begleitet von wohlmeinenden Worten des alten Fritz, der sehr gut mit ihr umgehen konnte, fragte sie in einem Mischmasch aus Platt und Hochdeutsch: »Müssen wir denn og so 'n Zettel moken?«

Mit Zettel meinte sie einen Mietvertrag. Allem, was mit Schreiben und Ämtern zu tun hatte, standen die alten Obstbauern skeptisch gegenüber. Ihr Sohn Johann, der mich aknemäßig noch übertraf, bestand auf einen Schrieb.

»Na gut, denn besorch ma' so 'n Vertrach«, sagte sie zu mir.

Als wir eingezogen waren, bekamen wir einen Höflichkeitsbesuch von Berta, unserer neuen Vermieterin, der mehr von Neugier als von Höflichkeit geprägt war. Berta hatte die gebückte Haltung harter, bäuerlicher Arbeit und einen grauen

Damenbart. Wenn sie mit jemandem sprach, schaute sie meistens woanders hin und murmelte ihre Bemerkungen wahllos in die Gegend, die aber dem Gesprächspartner galten. In diesem Fall schielte sie auf unsere Fenster und nuschelte im Anklageton: »Keine Gardinen?«

Wir antworteten nicht.

Nachdem sie unser wild zusammengewürfeltes Mobiliar begutachtet hatte, verließ sie das Haus mit einem skeptischen und lang gezogenen »Naa ja«, das in Fritz' Richtung gemeint war.

Der aber lächelte sie freundlich an und nickte ihr zuversichtlich zu.

Zur Einzugsparty hatte Andy seinen Grill mit Holzkohle befeuert und wir hatten Koteletts, Würstchen und Getränke besorgt. Der Jungbauer Johann war auch eingeladen. Der aber glänzte durch Abwesenheit. Andy hatte gewettet, dass er nicht kommen würde.

»Das is' 'n ganz seltsamer Vogel«, bemerkte er, »der grüßt nicht mal.«

Wir hatten die Hi-Fi-Boxen in die Bäume gehängt, hörten Eagles und der Grill wurde so schnell nicht mehr kalt. Paul und Martin waren auch mit von der Partie und drehten mächtige Rohre, wie sie sich ausdrückten. Diese Rohre enthielten natürlich das Ghana-Gras, das immer noch den gesamten Landkreis high machte. Aus Solidarität zog ich mit, merkte aber nicht viel von der Wirkung, die das Zeug auf die anderen hatte. Michaela beteuerte, sie könne sich nicht mehr aus ihrem Stuhl erheben und der Rest der Mannschaft gackerte über jeden blöden Witz. Diese Kiffer. Komisch, dass der Stoff bei mir nicht wirkte.

Als mein Blick einmal den Bauernhof streifte, sah ich Berta beim Unkraut jäten. Sie hatte eine einmalige Technik drauf, die ich den »Altländer Klappmechanismus« taufte. Sie schien an den Hüften Scharniere zu haben, denn sie konnte den Oberkörper nach unten klappen, das heißt, sie rupfte das Unkraut im Stehen heraus und das mit durchgedrückten Knien. Es war sensationell, diese Gelenkigkeit hätte ich ihr nicht zugetraut.

Manchmal schlich Johann über den Hof und guckte scheel zu uns herüber, wenn er glaubte, dass niemand es bemerkte. Wahrscheinlich dachte er neidisch: Wie können die nur so fröhlich sein? Und das auf unserem Grundstück.

Ich glaube, Bertas Junior wäre selbst bei verordneter Fröhlichkeit, zum Beispiel bei einer Hochzeitsfeier oder beim Feuerwehrball, nicht lachend erwischt worden. Wahrscheinlich wäre er gar nicht hingegangen, wenn ihn jemand eingeladen hätte. So waren sie, unsere Vermieter. Einen Senior gab es nicht mehr. Wahrscheinlich verstorben oder abgehauen.

Spät in der Nacht wankten wir in unser neues Schlafzimmer und schliefen unseren Rausch aus.

Andy und ich teilten eine gemeinsame Liebe für Heino Jaeger. Er war der Chef aller, die sich auf dem blanken Parkett des ironischen Humors bewegten. Schon in der Berufsschule konnte ich diverse Mono- und Dialoge von ihm auswendig. Heino Jaeger, geboren in Hamburg-Harburg, hatte diverse Jobs durchlaufen, Kunst studiert und arbeitete zeitweilig als Grafiker, aber sein wahres Talent waren seine Sketche, die auf Schallplatte gepresst wurden und auch im WDR zu hören waren.

Das, was die meisten Menschen nicht merkten, nämlich wie viel Schwachsinn sie täglich absondern, hatte Heino Jaeger zu Perlen der Kleinkunst poliert. Seine Vorliebe galt der Verarschung des »Sorgentelefons« Doktor von Hollanders, der später von Doktor Marcus abgelöst wurde, im NDR.

Meistens handelte es sich bei Jaegers Beiträgen um Äußerungen von Frauen, die sich beim Radiopsychologen über ihre durchgedrehten Männer beschwerten. Es ging vom Fliesenleger, der nicht mit seinem Rentnerdasein klarkam und die gesamte Wohnung ausgekachelt hatte inklusive Wohn- und

Schlafzimmer und obendrein sein Taxi, das er in Schwarzarbeit betrieb, über den pensionierten Zöllner, der in der Wohnung Schranken aus Sperrholz baute, um sich bei jedem Zimmerwechsel von den Familienmitgliedern den Pass zeigen zu lassen, bis zur Rentnerin, deren Wellensittich schwerhörig geworden war und die nun anfragte, ob es Hörgeräte für Wellensittiche gäbe. Die durchgeknallten Akteure bekamen bei Heino immer recht.

Zu unseren Lieblings-Sketchen gehörte auch ›Das Lampengeschäft‹. Die Handlung spielte in einer Hamburger Eckkneipe, in der zwei ältere Frauen über ihre Nachbarin herzogen, weil sie in das Lampengeschäft »reingeheiratet« hatte, obwohl sie genau wusste, dass der Inhaber Krebs hatte, nämlich von der Lampenbestrahlung.

Oder ›Sport Aktuell‹, wo man schnitzeljagdartig durch verschiedene Sportarten gehetzt wurde, um dann an der Kommentierung einer Olympiafeier teilzuhaben, in der so skurrile Figuren vorkamen wie der »Kinderminister von Kamerun« oder »fähnchenschwenkende Grönländer aus der Mongolei«.

Wir liebten Jaeger auch dafür, dass er die Altländer Bauern aufs Korn nahm. Er hat vieles, was er geschaffen hat, selbst erlebt. Zum Beispiel wollte er sich im Alten Land eine Wohnung suchen und hat daraus einen Sketch gemacht, in dem die Bäuerin ihn fragte, was er denn beruflich so täte und er antwortete, er sei Grafiker, worauf sie sagte: »Nö, was solln wir mit ’nem Grafiker, wir haben auch gar keine annern Grafiker im Hause. Was wolln Sie hier denn so allein? Außerdem issas auch gar keine Laufgegend hier und ich muss Ihnen ehrlich sagen, ich möchte auch keine Grafiker im Hause haben!«

Was hier Realität oder Fiktion war, konnte man kaum unterscheiden, wenn man die Altländer kannte.

Viele Sprüche von Jaeger wurden von uns adaptiert und bei ähnlichen Situationen angewandt. Es brach in der Achse der Hamburger bis Stader Musikerszene eine wahre Manie aus. Weil Heino Jaeger so genial neben der Spur agierte und gleichzeitig so absurd war, blieb er immer ein Geheimtipp. Er verband Andy und mich und wir »jaegerten« uns durch den Tag.

Fritz versorgte mich mit Nahrung fürs Gehirn. Er hatte haargenau erkannt, dass ich mich auf dem Pfad des Suchenden befand, und gab mir Bücher von Wilhelm Reich und Rudolf Steiner. Er erzählte mir, dass er Mitglied der Wandervogelbewegung gewesen war und einmal in völliger Abgeschiedenheit auf einem alternativen Bauernhof gelebt hatte, wo die Bewohner nackt herumgelaufen wären.

Ich sog diese Geschichten auf wie ein Schwamm, denn ich war durstig nach Erkenntnis und auf der Flucht vor den zementierten Verhältnissen einer Gesellschaft, die ich so nicht anerkennen wollte.

Fritz bewohnte in der oberen Etage ein Zimmer mit einer abgeteilten Schlafnische. In der Nische befand sich in der Dachschräge ein winziges Fenster, das Fritz mit indischen Symbolen bemalt hatte. Direkt unter diesem Zeichen lagerte sein Kopf. Da er kein Kochkünstler war, aber trotzdem etwas Besseres essen wollte, schwor er auf Fertiggerichte aus der Dose von Sonnen Bassermann. Diese waren, so meinte er, mit mehr Liebe hergestellt, als die Produkte ihrer Konkurrenten. Jeden Morgen ging er mit Andy und dessen Hündin Gassi. Er hatte sie liebevoll »Heino« getauft, weil er anfangs nicht erkannt hatte, dass Heino eine »Sie« war.

Andy lebte vom Unterrichten an der Kreisjugend-Musikschule und von Tanzmusik, in unseren Kreisen »Tanzmucke« genannt. Weil er meistens erst nachmittags unterrichtete, hatte er wie ich das Ausschlafprivileg.

Seine Freundin Michaela musste des Öfteren unter uns Nachteulen leiden, wenn wir noch Skat oder Doppelkopf im Hexenhäuschen spielten und sie oben im Schlafzimmer an der Matratze horchen wollte. Nach oben hin gab es keine Tür.

Manchmal fluchte sie: »Seid jetzt endlich still. Ich muss morgen arbeiten.«

Michaela war pharmazeutisch-technische Assistentin in einer Apotheke in Finkenwerder.

Dann ereilte mich auch das Schicksal und ich gehörte wieder der arbeitenden Klasse an. Das war okay, denn mein Etat war sanierungsbedürftig. Ich arbeitete als Fotosetzer und Layouter bei der Firma Newtype. Die Kollegen waren in Ordnung und auch der Chef war integer. Diese Tätigkeit machte mir Spaß und ich ging gern in die Firma. Früh- und Spätschicht waren, auch aufgrund der guten Bezahlung, auszuhalten.

Andy und ich saßen unter den von Gott mit grünen Kirschen behängten Bäumen beim gemeinsamen Wochenendfrühstück.

»Udo, du kannst doch ganz gut singen. Ich formiere eine neue Tanzkapelle. Willst du bei uns als Sänger einsteigen?«

»Wenn du meinst, dass ich das kann. Das muss ich mir mal durch den Kopf gehen lassen.«

»Da ist einiges an Knete zu machen. Richie habe ich auch schon gefragt.«

Richie kannte ich schon aus meiner Amateurmusikerphase. Ein humorvoller Bursche, der schon Erfahrung als Gitarrist in einer Tanzmusikband hatte. Mein Selbstbewusstsein war niedrig und ich hatte Angst, den Anforderungen nicht zu entsprechen. Andererseits hatte ich schon Lust, auf der Bühne zu stehen, zu singen und dafür gutes Geld zu kassieren. Ich rang mich durch und sagte zu.

Damit begann eine Phase intensiven Paukens. Durch die vielen Stunden, die eine Tanzband, zum Beispiel auf Hochzeiten, abzuleisten hatte, war das Programm dementsprechend umfangreich. Wir spielten zwar mit Notenständer und ich konnte die Texte ablesen, allerdings hatte das den Nachteil, dass es scheiße aussah, wenn man immerzu nach unten schielte und außerdem sang man nicht so frei und flüssig, als wenn man den Text im Kopf gehabt hätte. Also lernte ich möglichst viel auswendig.

Das Dumme an der Geschichte war, dass es sich dabei teilweise um herbsten Stoff handelte. Deutsche Schlager und Schunkellieder. Ich hatte Angst, dass mich, mit der Bürgerbande vor den Augen und den bekloppten Liedern auf den Lippen, wieder meine psychosomatischen Zustände ereilen würden. Und das Ganze dann auf der Bühne, wo man nicht flüchten konnte. Mit gemischten Gefühlen ging ich zu Werke und versuchte mich damit aufzumuntern, dass wir ja auch Rock 'n' Roll spielen würden. Die englischsprachigen Charts hatten auch brauchbare Nummern zu bieten, sagte ich mir. Ich erzählte Andy von meinen Bedenken, der mir sagte, ich solle mir keine Sorgen machen, denn er würde mir die ganz schlimmen Titel abnehmen, wie zum Beispiel das Kufsteinlied, den Schneewalzer und andere derbe Klamotten. Das hieß, er würde sie singen. Das beruhigte mich schon etwas.

36

Tanzmucke
»Mache alles mit ...«

Die erste Mucke stand an. Es war die Hochzeit einer Honoratiorentochter aus der Gegend. Ort des Geschehens war das Gasthaus ›Walhalla‹ zu Hedendorf-Neukloster.

»Mir geht der Arsch auf Grundeis«, sagte ich zu Cindy.

»Du machst das schon. Denk einfach daran, dass die meisten der dort sitzenden Personen keine Ahnung von Musik haben.«

Es begann mit Tischmusik. Während die Lieblinge der Götter speisten, mussten wir so leise spielen, dass es für sie noch möglich war, sich beim Essen zu unterhalten.

»Das ist der anstrengende Teil des Abends«, bemerkte Andy, »du musst noch das Eintauchen der Suppenlöffel hören.«

Damit ich bei Instrumentalmusik nicht blöde herumsaß, spielte ich Congas und andere Perkussionsinstrumente. Ich hatte wunderhübsch gemaserte Congas der Marke ›Asba‹ gekauft. Die klangen sehr gut. Das Problem war, dass man sie bei dieser Lautstärke nur streicheln durfte. Nach der Suppe machten wir eine Pause.

Wir wollten gerade den Hauptgang begleiten, als Richie eine seiner von uns sogenannten Tretminen, die Fußpedale, mithilfe derer man den jeweilig gewünschten Gitarrensound wählte, verwechselte. Eine grauenhaft laute Rückkopplung war die Folge. Die Löffel klickten synchron auf die Teller.

Die Asen sahen uns an, als wären wir Aliens. Wir blickten zu Richie und der tippte in Panik auf seinen Minen herum. Dann drei lange Sekunden Grabesstille.

Und weiter ging es mit dem Besteckgeklapper. Ich merkte, dass Tanzmusik zu machen kein Zuckerschlecken war.

Unsere Band war ein Sextett. Das war eher selten in der Szene, denn das hieß, die Gage durch sechs teilen zu müssen.

Ich konnte kein Melodieinstrument spielen und in besseren Kreisen erwartete das Publikum ein »Gebläse«, wie wir Blasinstrumente nannten. In diese besseren Kreise wollte Andy mit unserer Formation eindringen.

Einfache Formel: bessere Kreise = besseres Geld.

Ralf Nr. 1 bediente das Schlagzeug, Ralf Nr. 2 spielte Saxofon, Richie bewegte sich an der Gitarre, Andy zupfte an den dicken Därmen des Basses, Hannes haute in die Tasten seiner Hammondorgel und ich sang, trommelte und klingelte. Der Drummer Ralf arbeitete als Beamter und verhielt sich auch manchmal so. Bei ihm musste alles seine Ordnung haben. Improvisieren war nicht seine Stärke. Sein Hobby war das Zitieren aus dem Schmuddel-Kontaktmagazin ›Happy Weekend‹.

Zum geflügelten Wort wurde bei uns sein Zitat »Mache alles mit, nur nicht ins Gesicht …«.

Wir verkürzten auf »Mache alles mit …«.

Ralf Nr. 2 war Berufsmusiker und schlug sich mit Mucke und Unterrichten durch. Er stammte aus Kehdingen, das liegt ganz weit hinten. Er hatte auch etwas Kehdingerhaftes an sich und beherrschte deshalb auch die Sprache der Bauern dieses Landstriches. An der Bundesstraße 73 gibt es einen Ort, der Hemmoor heißt. Ralf sprach im unvergesslichen Tonfall von »Hemmauer«. Er war zu jeder Schandtat bereit. Ironie und Lachen waren von eminenter Wichtigkeit bei dieser Arbeit. Ohne Galgenhumor hätten wir uns nach kürzester Zeit aufgehängt.

Andy war am Bass der solide Handwerker, der keinen großen Ehrgeiz hatte und immer versuchte, mit möglichst wenig Aufwand viel zu erreichen. Das passte natürlich nicht zu seinem Vorhaben, in gehobenere Kreise vorzudringen. Er realisierte manchmal nicht so richtig, dass man dafür mehr tun musste.

Richie wiederum war ambitioniert und fleißig. Er liebte es, Gitarre zu spielen und hatte immer den Anspruch, dass das Publikum in Stimmung kam. Fast jeden Abend sagte er so zwischen dreiundzwanzig und vierundzwanzig Uhr: »Jetzt müssen wir sie kriegen. Jetzt reißen wir ihnen den Arsch auf!«

Launenhaftigkeit war seine Schwäche. Wenn sein sensibles Gemüt verletzt wurde oder ihm schlicht nur ein Furz quer saß, konnte er von einer Sekunde auf die andere taktlos und verletzend werden. Dann war er plötzlich Mister Hyde. Aber mit Dr. Jekyll konnte man richtig viel Spaß haben. Wir haben uns in manch skurrilen Momenten gebogen vor Lachen.

Hannes arbeitete bei einer Versicherung, war umgänglich und manchmal etwas verkrampft. Er war nicht der große Solist, legte uns aber solide Orgelteppiche.

Nachdem die Hochzeitsgäste mit dem Essen fertig waren und einen Verteiler zu sich genommen hatten, was wir natürlich auch taten, begann der Tanz. Vorher hatte der Brautvater

»Marscherleichterung« befohlen, das heißt, die männlichen Gäste durften ihre Sakkos ausziehen. Der Opener war meistens ›Rote Lippen‹, die deutsche Version des Songs ›Lucky Lips‹ von Cliff Richard. Es wurde als keck empfunden, wenn ich die Hälfte des Stückes auf Englisch sang. Ich hatte schon einige Kurze intus und sah die Sache nicht mehr so verbissen.

Meine Kollegen hatten unterschiedliche Verhältnisse zu geistigen Getränken. Drumming-Ralf hielt sich ganz brav zurück, was dem Timing sicher zuträglich war. Kannen-Ralf, »Kanne« war ein weiterer, gängiger Begriff für das Saxofon, war ein fröhlicher Allestrinker genau wie Richie und ich. Hannes trank wenig und Andy hielt sich meist ganz clever in der Mitte, obwohl er auch schon mal tiefer ins Glas schaute.

Die Stimmung stieg und einige Bluthochdruckler schoben ihre Mädels mit roten Köpfen platzgreifend übers Parkett. Da flog so manches Getränk durch die Gegend, wenn andere Gäste den walzenden Pärchen zu nahe kamen.

Richie stand rechts von mir und ich hörte aus seiner Ecke das berühmte »Jetzt müssen wir sie kriegen! Los, Rock 'n' Roll!«

Es folgte ›I Saw Her Standing There‹ von den Beatles in E-Dur. Eine schweinehohe Nummer. Das Publikum war außer Rand und Band. Manche Männer vergaßen, dass sie nicht mehr zwanzig waren und versuchten, ihre Tanzpartnerinnen in Rock-'n'-Roll-Manier durch die Luft zu wirbeln. Diese wiederum waren auch nicht mehr zwanzig und dementsprechend schwerer. Die Folge waren Tanzfiguren, die ich »der sterbende Schwan« nannte. Bandscheiben knackten und Steißbeine wurden in Mitleidenschaft gezogen.

Andy setzte noch einen oben drauf, indem er die Leute vor der Tanzpause aufforderte: »Jetzt nehmen die Herren die Damen Huckepack und ab geht es an die Sektbar.«

Das Parkett war glatt und es kam vor, dass jemand ausrutschte. Dann standen Schadenfrohe an der Tanzfläche und grinsten. Natürlich nur, wenn sie einschätzen konnten, dass keine bösen Verletzungen davongetragen wurden. Die Gelackmeierten wollten sich keine Blöße geben und lachten ebenso, nur mit schmerzverzerrtem Gesicht.

In der Pause kam der Brautvater angepest: »Jungs, das macht ihr ganz prima. Am Anfang habt ihr zwar viel zu laut gespielt, aber jetzt ist ja richtig dolle Stimmung. Kommt doch mit an 'n Tresen, ich geb einen aus.«

Der Mann schien nur aus Schweiß zu bestehen, hatte unter den Achseln zwei riesige Flecken und schnaufte mit uns zum Tresen. Er hatte schon einen gehörigen Alkoholpegel erreicht und bestellte »Maria«, das war Weinbrand der Marke ›Mariacron‹. Nicht gerade ein edles Gesöff.

Andy flüsterte mir zu: »Wir spielen dreimal so laut wie am Anfang und keine Sau merkt was. Am Beginn der Mucke haben sie immer was zu meckern, und wenn nachher der Alkpegel hoch genug ist, kannst du ihnen alles vorsetzen. Das ist immer so. Altes Muckergesetz: ganz leise anfangen.«

Banale Weisheiten zu verbreiten war eines von Andys Hobbys.

Der Brautvater hielt sein Glas hoch und forderte uns auf, die Pfütze auf ex zu vernichten: »Nich' lang schnacken, Kopp in 'n Nacken.«

Jetzt bekam ich Angst, die Strophen zu verwechseln.

»Egal«, beruhigte mich Andy, »das merkt sowieso keiner mehr.«

Jetzt waren die sogenannten Stimmungsserien dran.

»Oha«, dachte ich, »deutsche Volksmusik«.

Alles grölte mit:

»An der Nord-see-küste, am plattdeutschen Strand,
sind die Fi-sche im Wasser und selten an Land.«

Von der Nordsee ging es dann ins Rheinland:

»Wenn das Wasser im Rhein goldner Wein wär,
ja, da möcht ich so gern ein Fischlein sein«,

um dann in den Alpen zu enden mit dem Kufsteinlied:

»Kennst du die Berge, die Berge Tirols,
das Städtchen Kufstein, das kennst du wohl,
Hola ho di ji di loh, die löh, die dudel di dö di ho.«

Ich musste sofort an den Sketch von Loriot denken: »Meine Frau hat jetzt was Eigenes, sie geht auf die Jodelschule und jodelt dann beruflich.«

Mein Alkoholpegel und die schunkelnde Fröhlichkeit steckten mich an und ich sang lauthals mit. Das erschreckte mich. Assoziationen zur Bundeswehrzeit kamen hoch. Konnte man auch hier verrohen? Aber warum eigentlich nicht, wenn man sich dabei wohlfühlte? Beim Torfrocktitel standen die Leute auf den Tischen.

»Rut mit 'n Torf, hau rin und hol rut,
dat matscht so scheun und tut so gut!«

Der Kellner kam angehetzt: »Aufhörn, hört sofort auf zu spielen. Die Leute sollen von den Tischen runterkommen!«

Diesen Appell ignorierten wir, denn uns gefiel die Stimmung und wir peitschten das Publikum mit dem Marschwalzer noch weiter hoch. Dabei ging es jetzt über Tische und Bänke.

Der Kellner stand mit fuchtelnden Armen am Ausgabetresen.

»Wir ziehen los, mit ganz großen Schritten
und Herbert fasst der Heidi von hinten an die Schulter.«

Bei dieser Aufforderung beobachtete ich einen alten, geilen Bock, der sich an den Möpsen seiner Vorgängerin, die an Kuheuter erinnerten, zu schaffen machte. Dabei grinste er mich konspirativ an und seine Geste verriet: Ganz schön schwer, diese Dinger!

Die Dame zierte sich dabei verdächtig spät.

Um drei Uhr morgens war endlich Schluss und das letzte Stück angesagt.

»Was machen die letzten Versprengten denn jetzt?«, dachte ich laut.

Jemand hatte wankend brennende Kerzen besorgt und sich dabei mit flüssigem Wachs bekleckert.

»Sieht aus wie Coitus Interruptus«, sagte ich zu Richie.

»Ja, vor dem Segen aus der Kirche gehn.«

Die Leute setzten sich auf den Boden und Richie stimmte das Lied ›Am Lagerfeuer‹ an. Andächtig saßen die Gäste um die Kerzen herum, sangen mit und gingen dann ganz brav nach Hause.

Ralf, Richie und ich waren ganz schön voll, feixten noch über einige besonders seltsame Gäste, und nachdem wir den schweren Kram verstaut hatten, ging 's Richtung Heimat. Glücklicherweise war Hedendorf um die Ecke. Andy war zwar nicht voll, wäre aber bei einer Polizeikontrolle den Lappen los gewesen. Richie packten wir mit ein, um ihn keiner unnötigen Gefahr auszusetzen. Der konnte bei uns pennen. Wenn Ralf nicht von Hannes nach Hause gebracht worden war, grenzte es an ein Wunder, dass er bei der nächsten Mucke wieder heil vor uns stand.

37

Gebissball

»Mein Name ist Anita Tischler-Buntspecht ...«

Nachdem wir einige Auftritte absolviert hatten, fassten wir den Entschluss zu investieren. Wir schafften neues Equipment an und kauften einen Band-Bus. Es handelte sich bei diesem Fahrzeug um einen Hanomag F45, der vorher als Fleischtransporter benutzt wurde. Deshalb war er auch billig zu erwerben gewesen, denn das Problem war der Geruch. Nach geraumer Zeit roch unsere Anlage nach Schinken. Wir malten uns aus, dass das in den besseren Kreisen vielleicht nicht so gut ankommen würde.

»Oha, da kommt wieder die Kapelle, die immer so nach Mettwurst stinkt!«

Solche Kommentare stellte ich mir vor.

Glücklicherweise war der Laderaum vom Führerhaus abgetrennt. Es stanken zumindest die Musiker nicht nach Geräuchertem. Uns wuchs die Karre ans Herz und wir nannten sie liebevoll die »Landwurst«.

Wir kamen überein, dass das Programm und auch die Outfits aufgepeppt werden mussten. In Hamburg ließen wir uns weiße Dinnerjacketts auf unsere schlanken Leiber schneidern und schafften Requisiten an. Strohhüte für die Charlestonserie, prollige, bunte Hemden für die Südamerikashow, Wikingerhelme und Keulen aus Plastik für Torfrockstücke und für die Seemannslieder blau-weiß gestreifte Matrosenhemden. Ich gab den Hans Albers und hatte mir dafür im Secondhandshop eine Offiziersjacke mit goldenen Ankerknöpfen und eine Kapitänsmütze besorgt. Weil ich mein dünnes Haar lang trug, sah ich mit der Mütze aus, als ob ich aus der Anstalt ausgebrochen wäre, aber Hans Albers ohne Mütze ging halt nicht.

Die erste bessere Mucke fand in der Silvesternacht in Braunlage statt. Andy klärte mich auf: »Wir spielen auf dem Gebissball in der Kurhalle, das heißt, Tanz für die ältere Generation.«

»Der Harz ist ja 'n' Meter weiter weg. Hoffentlich haben wir gutes Wetter zum Fahren.«

»Das wird schon und lohnt sich auch, nützt ja nix.«

Das war eine weitere beliebte Redewendung von Andy, dieses »Nützt ja nix.« Die Landwurst war nicht gerade ein Achtzylinder-Van. Wir krochen Richtung deutsches Mittelgebirge, und als die Steigungen begannen, ächzte der Diesel mächtig und ich hatte das Gefühl, wir würden zu Fuß gehen. Andy und ich fuhren meist mit der Landwurst, die anderen Jungens kamen mit ihren Pkws.

»Warum muss dieses Kaff denn auch am höchsten Punkt des Harzes liegen.«

»Nützt ja nix.«

»Ja, ja.«

Nach einigen Stunden waren wir vor Ort und schleppten unseren sauschweren Kram zur Bühne. Wir wollten gerade anfangen alles aufzubauen, als eine Tucke mit einem saunervigen Organ auftauchte und überspannt bemerkte: »Guten Tag, meine Herren, mein Name ist Anita Tischler-Buntspecht, Sie können hier jetzt nichts aufbauen, ich muss mit meinen Models für die Modenschau proben.«

Sie fuchtelte wild mit den Armen herum.

»Ich brauch hier den ganzen Platz.«

Dann stöckelte die durchaus attraktive Dame mit etwas zu dünnen Beinen hinter die Bühne und klatschte in die Hände. Zu einer Art Kaufhausmusik kam das erste sogenannte »Model« auf die Bühne und präsentierte Mode für Scheintote. Dazu wieselte Frau Tischler-Buntspecht aufgeregt vor dem Bühnenrand hin und her und gab überflüssige Anweisungen.

»Ach du Scheiße«, sagte ich zu Andy.

Hinter mir hörte ich die Stimme von Drumming-Ralf: »Mache alles mit ...«

»Das hier aber nicht«, bemerkte ich.

»Hallo Jungs«, begrüßte uns Richie, »was ist das denn für eine Aufgescheuchte?«

»Anita, was weiß ich, Schnabelhausen, mit Mode für Insassen.«

»Ich geh mal zum Veranstalter«, sagte Andy.

»Und hier, meine Damen und Herren, das Modell ›Mallorca‹, gepaspelt, mit doppelt verstärkter Zickzacknaht und Tiroler Bündchen.«

Hannes und Kannen-Ralf waren auch vor der Bühne eingetrudelt und betrachteten die Szenerie mit offenen Mündern, wie kleine Kinder die Achterbahn auf dem Hamburger Dom.

»Das Modell ›Opernball‹ für den festlichen Abend besticht durch seine schlanke Form und den Tragekomfort.«

»Das Modell ›Abschied‹ besticht durch seinen Tragekomfort und den weiten Schnitt. Dieses Hemd hat keine Taschen und wird nur einmal getragen«, sagte ich und Richies Gelächter sorgte dafür, dass uns der Blick der strengen Zuchtmeisterin traf.

Andy sagte, der Veranstalter bitte uns um etwas Geduld und wir konnten auch etwas später anfangen zu spielen, da sich das Essen meist doch länger hinziehe.

Unsere Geduld wurde eine weitere halbe Stunde auf die Probe gestellt und dann war ein stressiger Aufbau angesagt. Die alten Herrschaften überraschten uns mit einer erstaunlichen Fitness, waren ausgesprochen tanzfreudig und applaudierten kräftig. Wir gaben uns aus gegebenem Anlass trinktechnisch auch recht fleißig die Kante und um null Uhr ging alles nach draußen an die Luft, um sich das Feuerwerk anzuschauen.

Wir nahmen unsere Drinks und folgten dem Pulk. Vor der Tür kam der Schock. Die Reifen unserer Landwurst waren nicht mehr zu sehen, denn es schneite, als wenn Frau Holle zum Workaholic geworden wäre.

»In drei Stunden kommt hier keiner mehr weg«, bemerkte ich sanft.

»Scheiße, vor vier Uhr kommen wir hier nicht raus«, sagte Hannes.

»Fuck«, meinte Andy, »und kein Hotel gebucht. Das kann ja heiter werden.«

»Ja, das kann es.«

»Jetzt ist es eh egal. Wenn man nicht fahren kann, kann man wenigstens trinken.«

»Ja, Andy, nützt ja nix«, sagte ich unisono mit Richie.

Wir begaben uns an den Tresen, bestellten Remy Martin und prosteten uns zu.

»Auf ein gutes Geschäftsjahr, Jungens.«

»Ja, mien Jung, auf bessere Mucken.«

Wir berichteten dem Hausmeister von unserem Pech, und

dass wir ja nicht ahnen konnten, dass es so stark schneien würde, und fragten ihn, ob wir notfalls in der Kurhalle übernachten könnten. Der Hausmeister hatte, wie viele seiner Spezies, ein mittelschweres Blockwartsyndrom und gab sich als Bedenkenträger. Ob er das verantworten könne? Da müsse er erst noch einmal drüber nachdenken.

Ich fragte ihn, ob er es verantworten könnte, wenn wir draußen den Erfrierungstod sterben würden. Nach langem Palaver ließ er sich dann doch erweichen und besorgte uns ein paar Decken, aber Betten oder Sofas gäbe es hier nicht.

»Komisch«, sagte Richie schon leicht lallig, »und ich dachte, das is' hier 'ne Kurhalle.«

Der weitere Abend verlief angenehm, denn die Alten machten alles mit und waren im Tresengespräch locker und humorvoll. Um vier Uhr hatten wir unseren Kram in der Räucherkammer verstaut und torkelten zu unserer behelfsmäßigen Schlafstatt.

Drumming-Ralf blickte pikiert auf den Fußboden.

»Wo soll man denn hier schlafen?«, bemerkte er genervt.

»Mache alles mit ...«, lallte Richie.

Ich grinste mit glasigen Augen in Kannen-Ralfs Richtung, der alles mit einem lauten Rülpser kommentierte. Er klang wie ein Hirsch in der Brunft. Um nicht auf dem kalten Boden schlafen zu müssen, suchten wir uns einige Stühle zusammen, um uns Liegen zu basteln.

»Jeden Pfennig in dieser Nacht haben wir uns redlich verdient«, meinte Hannes.

Während ich ihm durch ein weises Kopfnicken beipflichtete, gab Kannen-Ralf seltsame Geräusche von sich, die von Konvulsionen seines Oberkörpers begleitet wurden. Im nächsten Augenblick schoss ein dicker Schwall Kotze aus seinem Rachen und landete direkt auf seinem Saxofon, das er in seinem Brausebrand vergessen hatte, in den Koffer zu packen. Wir nahmen Reißaus und campierten ein ganzes Stück weiter, um nicht den Nasentod zu sterben. Kannen-Ralf raffte sich auf und verschwand in Richtung der sanitären Anlagen. Seine Tröte hatte er mitgenommen und es tatsächlich noch geschafft, sie einigermaßen zu reinigen.

»Der wahre Mucker achtet auch in der schlimmsten körperlichen Verfassung auf sein Instrument«, meinte Andy.

Aus der Beamtenecke kamen ständig Unmutsbezeugungen. Richie und ich glasten uns an,

»... nur nicht in der Kurhalle nächtigen«, lallte Richie.

Nach ungefähr drei, vier Stunden im Zustand zwischen Koma und Schlaf schlug ich die Augen auf. Mein Rücken war verkrampft, schmerzte und ich fühlte mich wie ein Hundertjähriger. So bewegte ich mich auch.

Draußen wurde es langsam hell und der Schnee reflektierte schon zu viel Licht auf die Szenerie, die sich meinen geränderten Augen bot. Unser Beamter war verschwunden und damit auch Hannes, der auch aus Stade kam. Die beiden bildeten immer eine Fahrgemeinschaft und waren sicher schon abgehauen.

»Ey, Andy, guck mal!«

Unser Basser blickte mit recht blassem Gesicht in die von mir angedeutete Richtung.

»Ich glaube, er atmet noch«, meinte er schlaftrunken.

Das Atmen war lautes Schnarchen von Kannen-Ralf. Sein Gesicht hatte eine leicht grünliche Färbung angenommen. Auf seinem Hemd und seiner Hose zeigten sich deutliche Spuren des nächtlichen Desasters. Sein Saxofon sah fast unversehrt aus.

»Hey, Ralf, aufstehen!«

»Wie, wer, was, wie spät?« kam es aus seiner Ecke.

Es klang eigentlich nicht direkt wie eine menschliche Stimme, sondern mehr nach den ersten Sprechversuchen von Frankensteins Monster.

»Wir wollen losfahren!«

»Wie, losfahren, ach ja, losfahren, ja, ja.«

»Ja, ja heißt, leck mich am Arsch.«

Wir gingen uns frisch machen, wenn das überhaupt noch möglich war, und wankten an die kalte Winterluft. Ralf rieb sich gerade das Gesicht mit Schnee ab.

»Ich bin fit wie ein Turnschuh!«, sagte er, als er unsere besorgten Gesichter sah.

»Ja, das sieht man. Kannst du das vielleicht auch deinem Gesicht mitteilen? Sonst wirst du unterwegs ins Krankenhaus gebracht oder verhaftet.«

Wir schaufelten mit bloßen Händen die Reifen der Landwurst frei und kamen tatsächlich in Gang. Nach Verabschiedung unserer Kumpel fuhren wir auf die Piste, um an der nächsten Raststätte erst einmal einen Phosphatschlauch zu essen und einen Kaffee zu trinken.

Phosphatschlauch war unser Synonym für eine Brat-, Wiener- oder Currywurst.

So gestärkt frästen wir uns durch die schneebedeckte Winterlandschaft und kamen nach einigen notwendigen Fahrerwechseln, die wegen des häufigen Zuklappens der Augen des jeweiligen Chauffeurs vorgenommen werden mussten, gegen vierzehn Uhr zu Hause an. Der nächste Weg war schnurstracks Richtung Bett.

ELF

38

›Bierdorf‹
Rusty lief in Schlangenlederstiefeln

Im Laufe der Zeit hatten wir tatsächlich mehr Auftritte, aber immer mehr beschlich Richie, Andy und mich das Gefühl, wir würden im Tanzmusiksumpf verblöden und unsere Rockmusikherzen verlieren. Deshalb gründeten wir eine Rockcoverband. Hannes war für dieses Projekt nicht so richtig geeignet, hatte auch zu wenig Zeit, weil er sich auf eine Karriere im Versicherungsgeschäft vorbereitete, und Drumming-Ralf war zu zahm am Schlagwerk. In Muckerkreisen war ein geflügeltes Wort: »Er spielt, als wenn 'ne Ziege aufs Trommelfell scheißt.«

Richie kannte einen Drummer aus Neugraben, der wiederum einen fähigen Multiinstrumentalisten kannte, der wahlweise Bass, Schlagzeug oder Gitarre spielen konnte. Auf ein Gebläse wollten wir verzichten, da die Gagen im Bereich Oldie- und Rockcover sehr gering waren. Bei Gigs in Hamburg ging man manchmal plus/minus null aus dem Laden. Das Programm bestand aus Rock-Oldies, die wir als Kompromiss für Publikum und Veranstalter anboten, einigen Eigenkompositionen und Stücken mit härterer Gangart, mit denen wir unser Herz belohnten.

Die Besetzung war also: Richie an der Sologitarre, Tommy am Schlagzeug, Andy wahlweise am Bass oder am Fender-Rhodes-Piano, Steffen wahlweise am Bass oder an der Gitarre. Und ich war der Leadsänger.

Wir spielten mit dieser Formation des Öfteren in Hamburg-Pöseldorf in einem Laden namens ›Bierdorf‹. Das war ein größerer Kellerraum mit Steinfußboden und mehreren Tresen, an denen verschiedene Biersorten ausgeschenkt wurden. Die einzelnen Tresen hatten verschiedene Pächter und in der Mitte befand sich eine Tanzfläche, an deren Rand sich die Band aufbauen durfte.

Das bedeutete Agieren auf engstem Raum und manchmal hatte ich das Gefühl, das Publikum würde mir direkt auf meinen Steinbruch gucken, wenn ich beim Trällern richtig weit den Mund aufriss. Ihr Pech, wenn ich Knoblauch gegessen hatte.

Die Gage war minimal, aber die Sache machte uns Spaß, weil wir endlich mal Gas geben konnten und hier nicht perverses deutsches Liedgut zum Besten zu geben brauchten.

Das ›Bierdorf‹ hatte einen prolligen Charme und war als »Kontaktbörse« bekannt. Die Klientel, die hier verkehrte, rekrutierte sich größtenteils aus der arbeitenden Unter- bis Mittelklasse, gemischt mit Halbweltlern und einigen Angehörigen der Schickeria, die es schick fanden, sich einmal unters Volk zu mischen. Mit der Zeit hatten wir Stammgäste und die Mucken bekamen einen heimatlichen Touch.

Da war zum Beispiel ein Lude, ein Zuhälter, der sich Rusty nannte und immer eine andere Grazie im Schlepptau hatte. Rusty lief in Schlangenlederstiefeln. Er hatte extreme Eierquetsch-Jeans an und auf seiner behaarten Brust, sichtbar im weit offenen Hawaiihemd, prangte das obligatorische Goldkettchen. Am Finger trug er einen Siegelring, der bei gezielt gesetzten Schwingern der Rechten im Gesicht des Widersachers erheblichen Schaden anrichten konnte. Jedes Mal, wenn wir gastierten, kam er mit strahlendem Lächeln auf uns zu und fragte: »Jungs, kann ich mit eurer Begleitung mal was von Rod Stewart singen? Ihr kriegt auch 'n Fuffi.«

Bei der miesen Gage ließen wir uns das nicht zweimal sagen. Er sang ›Sailing‹ und zwar besser, als wir es gedacht hatten. Das machte Rusty glücklich und er schob uns auch noch fünf Drinks rüber.

Ein weiterer Stammgast war Jean aus den Staaten. Sie kam immer später aus der oberen Etage des Gebäudes, in der sich ein Chinarestaurant befand, in dem sie als Kellnerin tätig war. Eigentlich war sie Sängerin und Pianistin und verdiente sich zusätzlich als Barpianistin im Hotel des ›Congress Centrums‹ etwas Geld dazu. Sie war charmant, attraktiv und wir gingen mit Jean nach der Mucke gern noch ins ›Zwick‹, einem Kneipenrestaurant, welches sich um die Ecke befand, um die legendären »Nudeln Zwick« zu essen.

Das Lokal hatte bis in die frühen Morgenstunden geöffnet und war deshalb ein beliebtes Ziel für Künstler, die abends einen Auftritt in Hamburg hatten. Hier traf man auch die Jungens, die es geschafft hatten: Udo Lindenberg, Otto Waalkes und Lonzo, den Teufelsgeiger.

Wir hatten nach der Mucke immer einen Mordshunger, denn das Aufbauen, der Auftritt und der Abbau mit der damit verbundenen Schlepperei über diverse Treppen verbrannten eine Menge Kalorien, die den Jungmännerkörpern wieder zugeführt werden wollten. Mit meinen 28 Lenzen zählte ich mich auf jeden Fall noch zu den jungen Männern.

»Nudeln Zwick« bestanden aus Penne Rigate mit einer Tomatensahnesoße, die mit frischen Kräutern aufgepeppt war, zumindest hielten wir sie für frisch. Darüber streute man geriebenen Parmesankäse und gab sich ein Glas guten, dunkelroten Chianti dazu.

Unser Musikprogramm musste ab und zu durch einige aktuelle Top-40-Nummern runderneuert werden. Wir verfügten über den Luxus eines Übungsraumes. Ich dachte manchmal an die armen Schweine in Hamburg, die sich über tausend Treppen und Gänge in Bunker aus dem Zweiten Weltkrieg kämpfen mussten und dann noch kreativ sein sollten. Aus Angst vor Strauchdieben mussten sie nach jedem Proben ihr Equipment dann wieder zurückschleppen.

Unser Haus war unterkellert und wir konnten soviel Lärm machen, wie wir wollten, denn es stand völlig frei im Kirschhof. Aber auch wir mussten für den Luxus einen Preis bezahlen. Als wir längere Zeit nicht geprobt hatten und wir eine Box woanders platzieren wollten, kam dahinter an der Wand eine Champignonfarm zum Vorschein. Das Mauerwerk war feucht und mit Schimmelpilzen übersät.

»Ich hab mich schon gewundert, warum ich Schlitze am Hals bekomme und ich die Finger nicht mehr richtig auseinander krieg. Beim Schwimmen im Brack war ich auch verdächtig schnell«, sagte ich zu Andy.

»Ja, wir müssen aufpassen, dass wir nicht auch noch die Sprache verlieren«, war sein Kommentar, den er mit einem lautlosen, fischartigen Auf- und Zuklappen des Mundes abschloss.

Das Haus war nicht nur im Keller feucht, was seiner Lage geschuldet war. Vorn befand sich der Wettern und in westlicher Richtung, fünfzig Meter weiter, das Brack.

Ich hatte ständig mit Bronchialkatarrh zu kämpfen. Jedes Mal vor einem Gig hatte ich Angst vor Bronchitis und die stellte sich manchmal schon aus psychosomatischen Gründen ein. Ich lief meist mit Halstuch oder Schal durch die Gegend und war sowieso ein hypochondrischer Typ. Die latente Angst vor neuen Angriffen des vegetativen Dystoniedämons ließ mich auf jede kleinste Veränderung meines Normalzustandes reagieren. Ich war überempfindlich. Mein Rauchwarenkonsum, ich war auf die Pfeife gekommen, und die Beheizung durch Ölöfen waren der Gesundheit meiner Atemwege sicher nicht zuträglich.

39

Trauer
Leo, du kleiner, schwarzer Mechaniker

Fritz kam die Treppe hinab und sagte zu mir, er fühle sich hundeelend, so als ob er einen Stacheldraht in der Brust habe. Er müsse sich von Andy sogar die Kohlen für seinen Ofen heraufbringen lassen. Das mache ihm schwer zu schaffen, wenn andere für ihn etwas tun müssten. Er wolle gern seine Autonomie behalten.

Als Andy Fritz am nächsten Morgen zum rituellen Gassigehen mit Heino abholen wollte, war die Tür zu Fritz' Gemächern verschlossen und es öffnete niemand. Er fackelte nicht lange und brach die Tür auf. Fritz war tot. Er habe im Schlaf einen Herzanfall erlitten, sagte der Doc.

Andy war in den nächsten Wochen nicht zu gebrauchen. Fritz war eine Art Vaterersatz für ihn gewesen. Sein leiblicher Vater hatte Selbstmord begangen, als Andy noch ein Kind war. Auch mir liefen die Tränen herunter, als ich einmal am Treppenaufgang stand und die Unvermeidbarkeit, die Endgültigkeit begriff. Fritz würde nie, nie mehr in seiner stets aufgeräumten, sonnigen Art diese Treppe herunterkommen. Zum ersten Mal lernte ich das Gefühl der echten Trauer kennen. Fritz hatte mir näher gestanden als manch ein Verwandter.

Nun war die gesamte obere Etage frei und Berta suchte Mieter. Wir mussten ihr unbedingt zuvorkommen, damit sie uns keine Läuse in den Pelz setzte. Nach fieberhaftem Überlegen kamen wir zu dem Entschluss, die Etage Paul und Fischlein anzubieten.

Die beiden wohnten noch bei ihren Alten und waren über diesen Zustand permanent genervt, wie sie immer wieder betonten. Wir waren davon überzeugt, dass die beiden zusagen würden, obwohl sie sicher Schwierigkeiten hatten, die Kröten für Miete und Lebenshaltungskosten zusammenzubekommen. Sie standen kurz vorm Abi, hatten aber Nebenjobs.

Wir fanden, dass sie gut zu uns passten. Sie waren geistigen Getränken nicht abgeneigt, pflegten einen lockeren, aufgeschlossenen Lebensstil und Fischlein spielte Klavier. Seit dem Einzugstag wusste ich, welchen Job ich außer Friseur, Klempner oder Scheißwagenfahrer nie annehmen würde. Wir hatten Fischleins Klavier über die Holztreppe, die obendrein noch um die Kurve führte, in den ersten Stock transportiert.

Als Paul sein Abi gebaut hatte und auf einen Studienplatz wartete, legte er trinktechnisch und jointmäßig einen kräftigen Zahn zu. Sowieso schon als großer Drogist gefeiert, gehörte er mit Andy spätestens jetzt zum beweglichen Inventar der Stader Kneipenszene.

Ich war mit meiner Cinderella glücklich. Andy hatte die Angewohnheit, trotz seiner festen Beziehung zu Michaela den jungen Dingern hinterherzusteigen.

Auch Paul war ein großer Womanizer. Der Unterschied zwischen den beiden bestand darin, dass Andy unter Donjuanismus litt. Ihm ging es um das Erobern. Wahrscheinlich streichelte er sein Ego damit. Bei Paul war es einfach die Liebe zum anderen Geschlecht und die Stilisierung eines wilden Lebens. Er war von den USA, ihrer Geschichte und vor allem ihrer Literatur begeistert. Er bezog sein Bohemien-Bewusstsein aus den Schriften von Jack Kerouac, Allen Ginsberg und Henry Miller. Deshalb hatte er sich auch entschlossen, Publizistik und Amerikanistik zu studieren.

Man wusste morgens nie, ob er mit derselben Frau wie gestern die Treppe zur Gemeinschaftsküche herabstiefelte. Das Aussehen unserer Küche entsprach voll und ganz dem Wohngemeinschaftsklischee dieser Tage. Keiner fühlte sich für sie zuständig und ich war die größte Schlampe von allen. Ich führte diesen charakterlichen Defekt immer auf das Sauberkeits-

und Ordnungssyndrom meiner Mutter zurück. Das war schön einfach. Sie hatte die Schuld, dass ich eine Oberschlampe war. Mit meiner Unordnung setzte ich Cindy ganz schön zu. Aber jetzt waren da noch zwei Schlampen mehr und irgendwann kapitulierte sie. Die Küche war ein Saustall. Ab und zu, wenn ich mal richtig was kochen wollte, kriegte ich einen Anfall und machte sauber. Das Abwaschen nach dem Essen überließ ich dann aber schon wieder meiner Gefährtin.

Cindy hatte zwei Katzen mitgebracht. Leo und Blessie. »Leo« war abgeleitet von Leonid Breschnjew, dem Vorsitzenden der KPD, der »Katzenpartei« Deutschlands. Blessies Name stammte von ihrem Mal über der Nase. Im Flur stand ein Katzenklo, das leider nicht oft genug gereinigt wurde. Es stank zum Himmel und sorgte für den typischen WG-Flur-Hautgout. Weil sich an dem Zustand des Katzenklos nie etwas änderte, kam ich wieder zu dem banalen Schluss: Der Mensch gewöhnt sich an alles.

Lärm riss mich aus dem Schlaf und ich saß kerzengerade im Bett, als es so gegen zwei Uhr im Flur krachte und Paul lallte: »Leo, du kleiner schwarzer Mechaniker, la-lass uns mal durch.«

Er war über das Katzenklo gestolpert und gegen die Kommode gefallen, kombinierte ich. Dann hörte ich Damengelächter und Treppengepolter. Ah ja, wen er wohl dieses Mal mitgelockt hatte? Nach circa zwei Minuten Stille schrak ich erneut hoch, weil ich dachte, das Haus würde abgerissen werden, denn Erdbeben gab es in Norddeutschland meines Wissens nach nicht. Dann wieder Pauls Stimme: »Alles in Ordnung, Baby?«

»Ja, Eis-h-ockey, du süßer Paulschatz.«

Die Stimme der Lady klang extrem lallig.

»Oha, ist die Else stramm«, sagte ich zu meiner Liebsten.

Die drehte sich nur um und schlief weiter. Als ich am nächsten Tag vom Einkaufen kam, fuhr ein Krankenwagen gerade vom Grundstück.

»Was ist hier denn los?«

»Pauls Abenteuer ist heute Nacht die Treppe heruntergefallen und hat sich dabei den Fuß gebrochen. Die war so voll, dass sie das nicht gemerkt hat. Erst als sie aus dem Koma erwachte, bemerkte sie den extrem dicken Knöchel und klagte über starke Schmerzen«, klärte Cindy mich auf.

Ich hatte mir beim Handballspielen einige Male was gebrochen und wusste deshalb, wie weh das tut.

»Wie kann man nur so voll sein und das nicht merken? Das ist unmöglich, das geht gar nicht. Da muss man doch schon tot sein, damit man es nicht merkt.«

»Anscheinend gibt es noch ein Stadium zwischen Suffkoma und Tod. In dem hat sie sich wahrscheinlich befunden.«

»Ja, das glaube ich auch.«

Es gibt den Spruch: Kinder und Betrunkene haben einen besonderen Schutzengel! Er wurde hier wieder einmal bestätigt, denn die Dame litt in besagter Nacht unter Orientierungsschwierigkeiten und dachte, sie hätte vor der Toilettentür gestanden, lehnte sich nach vorn und griff ins Leere. Sie stand nämlich am Treppenabsatz. Dass ihr nicht mehr passiert war, konnte nur ihrem Schutzengel zu verdanken sein.

Es war Sommer und die Kirschen hingen fast reif an den Bäumen. Johann, Bertas Sohn, handelte beim Spritzen der Bäume nach dem Motto: Viel hilft viel. Dabei saß er mitten in seinen eigenen Giftschwaden auf dem offenen Traktor. Da wunderten mich die nässenden Flechten gar nicht, die sein Gesicht zierten. Johann nahm keine Rücksicht. Er sprühte wild um sich. Cindy hatte gerade Wäsche aufgehängt, als Johann einen fetten Giftschwall auf unsere Klamotten spritzte.

»Hey, kannst du nicht mal Bescheid sagen?«, rief ich hinter ihm her.

Andy stand im Türrahmen: »Der sagt nie, wann er zu spritzen beginnt. Ich glaube sogar, er wartet erst, bis jemand Wäsche aufhängt, damit er sie vollrotzen kann mit seiner Brühe.

Das ist seine kleine Rache an der unverständlichen Umwelt.«

»Die Sau ist bestimmt impotent. Darum spritzt er auf seine Weise.«

Die Wäsche musste noch einmal gewaschen werden.

40

Am Brack
Knack auf, das Ding

Am Brack gab es eine Hütte, die aus einem Raum und einer Kochgelegenheit mit Propangas bestand. Diese Hütte wurde im Sommer von Karl bewohnt. Karl war ungefähr sechzig Jahre alt und betrieb mit einem Kompagnon einen Handel mit Tresoren. Dieses Geschäft schien einiges abzuwerfen, denn Karl konnte es sich leisten, den ganzen Sommer am Brack zu verbringen. Wir mutmaßten, dass er Alkoholiker sein müsse, denn man traf ihn nie, egal zu welcher Tageszeit, ohne Bier und Zigarette in der Hand. Bei Karl trafen sich die gesamte Jugend und die Kinder des Umkreises, denn hier befand sich auch ein Badeeinstieg zum Brack.

Wenn ich zum Schwimmen ging, hörte ich schon von Weitem fröhliche Kinderstimmen und Karl rief: »Hallo Udo, komm her und knack dir 'ne Pulle auf!«

Dabei bewegte sich seine Hand in Richtung Boden und öffnete den Deckel einer großen Molkereimilchflasche, die in die Erde eingegraben war. Das Bier war auch ohne Kühlschrank immer wohltemperiert. Genialer Einfall.

Karl war immer freigebig mit Zigaretten und Bier. Das hatte für ihn den Vorteil, stets jemanden zum Klönen und Mittrinken zu haben. Selbst als wir uns im Suff einmal erlaubt haben, ihn nachts zu wecken, war er nicht sauer, im Gegenteil. Er saß aufrecht in seinem Bett, gab Paul einen Fuffi und beauftragte ihn, zur nächsten Kneipe zu fahren, um eine Flasche Johnny Walker zu kaufen.

Als Paul damit zurück war, erklang wieder sein berühmtes »Knack auf, das Ding!«, und wir lachten die halbe Nacht über seinen Habitus und seine Sprüche. Als Mutprobe sprangen wir dann noch in das gerade mal dreizehn Grad kalte Wasser, aber auch um wieder einigermaßen klar zu werden.

An sonnigen Sommertagen schlenderte ich mit Nietzsches Werken unter dem Arm durch die Kirsch- und zunehmend mehr vorhandenen Apfelhöfe, begab mich ans Ufer des Bracks, nahm ein Bad und begann zu lesen. Ich setzte mich mit den ›Dionysos Dithyramben‹ und ›Ecce Homo‹ auseinander. Einiges blieb unverständlich und bot Platz zum Interpretieren.

In dieser Schaffensphase von Friedrich Wilhelm Nietzsche warfen Depression und geistige Umnachtung ihre Schatten wohl schon voraus.

Mich faszinierten seine dichterischen Fähigkeiten, seine Kraft und seine Kompromisslosigkeit. Besonders das Gedicht ›Ecce Homo‹ hatte es mir angetan.

»Ja, ich weiß, woher ich stamme!
Ungesättigt gleich der Flamme
Glühe und verzehr' ich mich.
Licht wird alles, was ich fasse,
Kohle alles, was ich lasse:
Flamme bin ich sicherlich.«
(Friedrich Nietzsche, Ecce Homo)

Diese Zeilen entsprachen einem tiefen Gefühl, das ich ebenso verspürte. Ich passte nicht in diese Zeit. Ich kam von woanders. Ich war hungrig nach Erkenntnis, ich war begeisterungsfähig und auf der Suche. Ich hatte das Gefühl des Ausbrennens, während um mich herum jeder in seinem kleinen, jämmerlichen Dasein glomm. Nichts war wirklich wichtig.

Die Zeilen mit dem Licht und der Kohle fand ich egozentrisch. Aber Freund Friedrich neigte ja schon immer zum Provozieren.

Auf jeden Fall brannte ich auch. Und das war kein kleines Lagerfeuer. Wie konnte ich da glücklich sein? Ich schaute mich um. Die Sonne strahlte. Das Brack, dessen Nebenarm mit den schönsten Wasserrosen übersät war, lag still da und bot ein Bild von Frieden und Heimat. Die Vögel zwitscherten. Hier war für mich der schönste Platz auf Erden. Manchmal, wenn mir das richtig bewusst wurde, durchströmte mich ein Glücksgefühl.

Aber nur ein Teil von mir war Eremit. Was war mit den Menschen los, fragte ich mich. Wie hielten sie es aus in ihren Banken und Versicherungen? Wie ertrugen sie das Gestrampel, den Ellenbogenkampf um das kleine Glück? Hatten sie keinen Stolz? Was hatte sie gebrochen? Wie konnten sie mit einem Rückgrat im Körper auf der Schleimspur des Vorgesetzten, des Abteilungsleiters, des Bezirksleiters, des Geschäftsführers entlangschliddern, um dann im Dunkel seines Darmes zu verschwinden?

»Herr Lehrer, darf ich für Sie die Tafel abwischen?«

Das konnte nur mit Abstumpfung und kleinen Fluchten möglich sein. Frustration und Aggression mussten doch irgendwohin. Man konnte sich sedieren. Alkohol für die Männer und Pillen für die Frauen. Oder seine Kinder quälen. Sich dem Feuilleton hingeben. Leichte Muse konsumieren.

»Nein, wir gehören zum Bildungsbürgertum. Wir geben uns mit leichter Muse nicht ab. Trotzdem sind wir nicht konservativ. Wir schauen uns die postmodernen Versionen von Opern an. Darsteller in Straßenanzügen, die ganz zeitgemäß in Büros sitzen und Blut durch die Gegend spritzen.«

Nein, nein, nein, da wollte ich nicht dazugehören. Aber wo sollte ich hin, was sollte ich tun? Ertrug ich es länger in meiner Nische?

Wenn ich meinen psychischen und somatischen Zustand so betrachtete, kam ich zu dem Schluss, dass es so nicht mehr allzu lange weitergehen konnte. Meine Gedanken drehten sich im Kreis und ich wurde immer depressiver. Mein Gesicht war, wie üblich, mit Akne Conglobata übersät und dazu hatten sich in einigen Hautfalten Flechten gesellt. Wenn ich sie ignorierte und nicht mit Cortisonsalbe vollschmierte, platzten sie auf und fingen an zu bluten. Der Hautärzte letzter Schluss war immer Cortison, weil sie machtlos waren. Dadurch wurde aber alles nur schlimmer und die Haut immer dünner. Ich fühlte mich also nicht wohl in meiner Haut.

Erstaunlich, wie treffend die deutsche Sprache doch sein kann. Es war zum »Aus-der-Haut-Fahren«. Ich litt häufig an Zahnentzündungen und Bronchitis. Kein Wunder, wenn es innerlich loderte.

So zündelte und hüstelte ich mich durch den Herbst.

41

Die »Königreicher« und das Taxi
Eine verbal härtere Gangart

Wenn man drei Kilometer durch die Wellenstraße lief, kam man in den Jorker Ortsteil »Königreich«. Hier befand sich in einer hübschen Villa eine Wohngemeinschaft, deren Urmitglieder sich rühmten, die erste WG im Kreis Stade gegründet zu haben. Bevor Andy und Michaela in das Hexenhäuschen gezogen waren, hatte Andy auch dazugehört. Als wir eines Tages auf einen Umtrunk bei den Leuten eingeladen waren, sah ich bekannte Gesichter wieder.

Fluffie, ein Genosse aus der wilden Zeit, als ich mit Corinna zusammen war, wohnte dort. Fluffie war ein Gemütsmensch, der gute Kumpel von nebenan.

Aus dem Haus Nr. 1 kannte ich Bille, Tetsche und Gesa. Nur

Eddie, der Belgier, war mir unbekannt. Bille war eine burschikose Person, der viele Männer verbal nicht im Entferntesten gewachsen waren. Sie hatte wirklich eine Riesenklappe.

Bille war mit Tetsche verheiratet, der in seiner rustikalen, herzlichen Art gut zu Bille passte. Er neigte beim Trinken zum Übertreiben, wurde dabei aber nicht unangenehm.

Gesa war ein Mädchen vom Lande, von der Geest, während wir hier im Marschland waren. Sie sah aus wie das blühende Leben und hatte eine ungemein tiefe, sexy Stimme.

Eddie war in der Gegend hängen geblieben, als er auf Montage hier gearbeitet hatte. Er liebte Schach und löste den Zauberwürfel, dieses Plastikding mit den verschiedenfarbigen Feldern zum Drehen, in Nullkommanichts. Er war ein analytischer Charakter, der im Umgang einen sehr direkten Ton pflegte. Taktgefühl war nicht sein Metier. Er teilte mit Fluffie die Liebe zum Jazz, ging also mehr intellektuell an die Musik heran.

Im Großen und Ganzen herrschte in diesem Hause ein sehr direkter, rustikaler Ton, das heißt, Eddie fiel nicht besonders auf. Gesa litt manchmal unter diesem Ton, sie war etwas zarter besaitet. Besonders bei unserem Lieblingsspiel, dem Doppelkopf, musste sie sich auf eine verbal härtere Gangart einstellen. Tetsche verstieg sich manchmal in der Ausdrucksweise, obwohl es nie böse gemeint war: »Los, spiel aus jetzt, 'ne Karte oder 'n Stück Holz, und stell dich nicht so blöd an!«

Dann lief Gesa heulend die Treppe hinauf in ihr Zimmer, verbarrikadierte sich und musste unter zärtlichen und trostspendenden Worten gebeten werden, doch wieder herunterzukommen, um weiterzuspielen.

Die ganze Bande, die die sogenannte »Villa Königreich« bewohnte, außer Eddie, studierte in Lüneburg Sozialpädagogik. Politisch links angesiedelt wollten zumindest Bille und Tetsche was bewegen. Sie hatten den Anspruch, ihre Umwelt aktiv mitzugestalten und etwas zu verändern.

Ich beneidete sie für ihre Aktivitäten, denn ich trug nichts Konstruktives zur Veränderung bei. Ich zog mich zurück und war sarkastisch. Die typische Fluchthaltung.

Tetsche erzählte gern die Story von der Belagerung der Villa. Weil er in seiner Berliner Zeit mal jemanden aus dem Umfeld der RAF kannte, lag nach einem Attentat eine Hundertschaft Polizisten um das Haus und belagerte es. Der Witz, über den der ganze Landkreis lachte: Es war niemand zu Hause und der Verdacht war sowieso unbegründet. Zu der Zeit waren WGs eben automatisch verdächtig.

Gesa hatte einen Job als Taxifahrerin und ich zeigte Interesse daran, denn ich war jedem Job gegenüber offen, der ein bisschen Freiheit versprach. Ein bisschen Mühe kostete das Erweben des Personenbeförderungsscheines. Ich hatte die meisten Verkehrsregeln vergessen. Gesa meinte, das sei nicht relevant. Viel wichtiger seien die Regeln des Taxigewerbes und vor allem Ortskenntnisse. Man müsse sich die kürzesten Wege merken, damit der Fahrgast nicht übervorteilt werde. Das war zwar mit Arbeit verbunden, für mich aber nicht schwierig, da sich die Kenntnisse auf Buxtehude und die Umgebung beschränkten. Ich bin hier schließlich geboren und habe immer in der Gegend gelebt. Natürlich musste man auch wissen, wie man auf dem kürzesten Wege zum Hamburger Flughafen oder zum Hauptbahnhof kam.

Nachdem ich die Prüfung bestanden hatte, begann ich meine Karriere in dem Taxiunternehmen, in dem auch Gesa beschäftigt war. Der Laden gehörte einer resoluten Dame, die sich als Frau in diesem harten Männergeschäft durchbeißen musste.

Jedem Taxiunternehmer wurde es im Laufe der Berufserfahrung zur Natur, misstrauisch zu sein. Weil die Fahrer nicht adäquat entlohnt wurden, fuhren sich alle schwarz was ins Portemonnaie. Das war ein offenes Geheimnis. Wenn man ökonomisch kutschierte, das heißt, wenn man wenig Leerkilometer auf der Uhr hatte, konnte man viele kleine Kneipentouren ohne das Anstellen des Taxameters absolvieren. Das addierte sich in einer Zwölfstundenschicht dann zu einem hübschen Sümmchen. Wenn das nicht möglich gewesen wäre, hätte mindestens die Hälfte der Fahrer den Dienst quittiert. Die begehrtesten Schichten waren natürlich die Nachtdienste am Freitag und Samstag. Man konnte am meisten verdienen und erlebte auch einiges.

Das ›Bardo Thodol‹, das Tibetanische Totenbuch, bot eine spannende Lektüre in den Pausen zwischen den Touren. Ich las gerade etwas über die drei Zwischenzustände vor und nach dem Tod. Wie viele Zeitgenossen aus der Künstlerszene beschäftigten wir uns mit dem Buddhismus. Wir glaubten an Reinkarnation und an das Nirvana. Uns war klar, dass man das nicht geschenkt bekam und ich befasste mich mit dem Thema, um zu lernen, was man tun musste, um dem Rad der Inkarnationen zu entfliehen und der Sache richtig auf den Grund zu gehen. Als ich gerade darüber nachdachte, wurde ich vom quäkenden Sound des Funkgerätes aus den Tiefen meiner Gedankenwelt gerissen.

»Du soss ma in die Kogge fahn und ’nen total besoffenen Sack abholn!«

Die Stimme, die diese rustikale Nachricht verbreitete, gehörte Ronny Krämer. Er saß in der Zentrale und schob mit Vorliebe Nachtdienst, weil er dann seine Ausdrucksweise nicht weichspülen musste.

Ronny hatte mich seinerzeit in der Buxtehuder Disco ›Western Lady‹ vor Herbert Wagner beschützt, der eine Strafe wegen Totschlags eines Obdachlosen abgesessen hatte. Man durfte Ronny nicht zum Feind haben. Er war rasend schnell beim Prügeln und verpackte seinen Gegner in kürzester Zeit zu einem handlichen Paket, das nicht mehr »Piep« sagte. Wenn man ihn fragte, welcher Profession er früher nachgegangen war, sagte er: »Ich hab Nucknucks totgemacht!«

Nucknuck war sein Synonym für Schwein. Das hieß, er war Schlachter.

»Okay Ronny, einmal zur Kogge.«

»Sieh zu, dasser dir nich' die Karre vollreiert. Dann ziehs'u ihn gleich ein' Hunni ab.«

Die Kogge war eine Kneipe in Buxtehude, die von einem Typen bewirtschaftet wurde, der aussah, als wenn er aus einer Seemannsserie entwischt wäre. Wir nannten ihn »Käpten Nuss«. Er hatte eine rassige, attraktive Frau, die hinterm Tresen stand und auch den Service übernahm. Käpten Nuss befand sich in der Kombüse und kochte ganz leckere Gerichte für seine Gäste. Während der Poststraßen-Ära war ich hier mit John oft versackt. Die Wirtin kannte mich also, denn wenn jemand, dem das Geld ausgegangen war, seinen Führerschein als Pfand abgab und weitersoff, bleibt er als guter Kunde im Gedächtnis.

Ich betrat die Kneipe und mit dem Blick auf meine Taxifahrerbörse sagte Margitta zu mir: »Hallo Udo, fährst du jetzt Taxi? Das trifft sich ja gut. Wir müssen diesen Burschen hier nach Hause bringen.«

Sie deutete auf eine Schnapsleiche, die immer wieder lallte: »Du komms' aber mit, Margidda, un' beschütz' mich!«

»Was hat der gesagt, du sollst mitfahren?«

»Ja, es ist nicht das erste Mal, dass ich mitfahre. Ich muss ihn ins Bett bringen und vor seiner Frau beschützen. Wenn ich mitkomme und sie beruhige, bekommt er keine Haue.«

»Sachen gibt 's!«

42

Kulturfremde Drogen
»Suche die weiße Frau!«

»Schwarzer Adler« war ein Sioux. Er baute Pfeile aus dem Material, mit dem die Weißen ihre Dächer deckten. Es wuchs am großen Fluss. Schwarzer Adler war der Schamane des Stammes und benutzte die Pfeile nicht zum Jagen, sondern für rituelle Handlungen. Die Pfeile waren bunt bemalt und hatten Federn als Schmuck, um die Götter zu erfreuen und ihren Segen zu erbitten. Wenn Schwarzer Adler die Pilze aß, reiste er durch die Lüfte und traf sich mit den Boten, die ihn in die Götterwelt geleiteten, dem weißen Büffel und dem Seeadler. Dann empfing er die Botschaften, die ihm die nächsten Schritte in der Welt des weißen Mannes wiesen: »Suche die weiße Frau, die Auserwählte, die dich auf der nächsten Reise begleitet. Sie ist nicht weit entfernt. Du findest sie im Umkreis von viertausend Schritten.«

Schwarzer Adler hieß mit bürgerlichem Namen Tim Schulz und wohnte in der WG der Bielefelder. Er hatte, wie viele Suchende in diesen Zeiten, mit Halluzinogenen experimentiert und war nicht wieder zurückgekommen.

»Mit kulturfremden Drogen sollte man sich vorsehen«, sagte ich zu Tetsche und Bille, als mir Tim, der noch vor ein paar Wochen relativ normal und so durchschnittlich neurotisch war wie wir alle, die Story von seinem Auftrag erzählte.

»Was machen wir bloß mit dem?«, fragte Bille.

»Mal abwarten, vielleicht gibt sich das wieder.«

»Ja, vielleicht.«

In der WG der Bielefelder, die ungefähr zwei Kilometer von der Villa entfernt war, wohnten außerdem noch der Fotograf, der Maler und seine Frau. Der Fotograf war ein Freak wie jeder andere, ein bisschen durchgeknallt und hippiehaft. Der

Maler fiel schon etwas mehr aus dem Rahmen. Er sah aus wie der Hauptdarsteller des Musicals ›Jesus Christ Superstar‹. Er hatte lange, leicht lockige, braune Haare, weiche Gesichtszüge, den kontemplativen Blick und war in grobes Leinen gewandet. Seine Frau war das, was ich »Brotbeutel« oder »Wollsocke« nannte. Ein in einen verhüllenden Sack gekleidetes Wesen, welches bei schicker Kleidung bestimmt ganz attraktiv ausgesehen hätte. Ich stellte mir oft das Gesicht des Briefträgers beim ersten Zusammentreffen mit dem biblischen Pärchen vor.

Michaela hatte Geburtstag und wollte eine große Party feiern. Das war in dem Hexenhäuschen wegen Platzmangel unmöglich. So boten meine Liebste und ich unsere großzügige Wohnung zum Schwofen an. Die Mitglieder der anderen Wohngemeinschaften und einige andere Freunde trudelten ein und Bier, Wein und Joints wurden gereicht. Wir hatten die Küche geschrubbt, Salate angerichtet und Suppe gekocht. Ich fuhr total auf West-Coast-Music ab und legte meine Lieblinge Loggins and Messina auf den Plattenteller.

»I want to get away and live my life,
near the rivers and trees.
I want to spend my days,
making rhyme and be free, and be free, and be free«, klang es aus den Boxen.

Die Stimmung war toll.

Ich saß neben dem Plattenspieler, in der Hand einen guten roten Tropfen, und schaute mir die Leute an.

Bille, hellblondes Haar, eher zart gebaut und mit ihrer Kodderschnauze nicht zu überhören. Tetsche vollführte gerade wieder seine staksigen, lindenbergartigen Tanzbewegungen. Fluffie, der eigentlich Eberhard hieß, hatte einen zu groß geratenen Kopf und konnte so herzhaft, von Tränen begleitet Lachen, dass man Angst hatte, dieser Riesenschädel würde gleich platzen.

Eddie war ein strammer HB-Raucher, der beim Reden immer so seltsame Geräusche machte. Das hörte sich an, als wenn jemand dauernd versuchte, durch das Lufteinziehen Fleischreste aus seinen Zahnlücken zu ziehen.

Gesa mit den knallroten Wangen eines Ingrid-Marie-Apfels und hohen Wangenknochen wäre im Dritten Reich der Prototyp der idealen, gesunden deutschen Frau gewesen. Sie war, wie immer, von Geiern des männlichen Geschlechts umgeben.

Schwarzer Adler war mit dem Kriegstanz beschäftigt, im umgehängten Köcher trug er seine Pfeile.

Der Bibelmann schaute ganz überlegen und entrückt in die Runde.

Seine Frau, der Wollsack, aus dem oben ein hübsches Gesicht und unten zwei Füßchen mit klobigen Gesundheitsschuhen hervorlugten, drehte sich immer im Kreise, als wollte sie sich damit in Trance versetzen.

Michaela drehte bei ›Baby Love‹ von Mother's Finest immer völlig durch, sprang und hüpfte über die Tanzfläche und machte mit den Händen und den Armen immer wellenartige, rhythmische Bewegungen, als würde sie per Hand den Boden umgraben.

»I'll be your slave, yes I will,
give me your command ...«

Zugegebenermaßen war das eine der besten Tanznummern der Welt und Baby Jean Kennedy war ein Vulkan.

Andy, blond gelockt, mit Schnurrdiburr unter der Nase, wünschte sich bei mir was von Traffic und ich legte ›Dear Mr. Fantasy‹ auf den Teller.

»Dear Mr. Fantasy,
play us a tune,
something to make ...«

Alles amüsierte sich und der Fotograf machte seinem Namen alle Ehre, wie wir später sehen konnten.

»Was für ein durchgeknallter Haufen«, ging es mir durch den Kopf.

Aber das Anderssein machte die Bande so sympathisch. Ich wollte lieber mit ihren Macken leben, als mich mit Bank- und Versicherungszombies zu umgeben.

Irgendwann hatten Cinderella und ich die letzten Lallemänner aus der Hütte geschaufelt. Wir begaben uns in unsere Schlafgemächer. Als ich den Lichtschalter betätigte, bot sich uns ein bizarres Bild. Auf Cindys Bett lagen piktogrammartig angeordnet Tims Pfeile. An manchen Stellen waren Fellstücke hinzugefügt worden. Wir schauten uns an und spürten körperliches Unbehagen und eine diffuse Furcht.

Ich ging zur Haustür und schloss sie zu. Auch die Zimmertür schloss ich ab. So etwas war sonst in diesem Hause nicht üblich. Wir schliefen beide in einem Bett, damit wir das seltsame Ensemble am nächsten Tag Andy und Michaela zeigen konnten. Wir waren ratlos. Wie sollte man sich verhalten? Einerseits wollten wir niemanden der Psychiatrie ausliefern, andererseits hatte wir Angst vor Tims nächsten Aktionen. Vielleicht bekam er den Auftrag, das Herz der weißen Frau mitzubringen?

»Weiß man, was in so einem Kopf vorgeht«, sagte ich zu Cindy.

Sie kuschelte sich an mich und ich dachte noch lange nach, bevor ich schließlich einschlief.

Wie so oft wurden wir von Heinos Gekläffe unsanft geweckt. Andy ließ seine Hündin morgens raus, wenn sie pinkeln musste. Wenn er sich aber im Bett wieder umdrehte und sie nicht wieder hineinließ, bellte sie mit einer nervtötenden Frequenz, bei der man das Gefühl hatte, im Ohr klickte ständig das Trommelfell hin und her, bis es irgendwann kaputt war. Das konnte schon mal so ein Stündchen anhalten.

Während dieser Stunden schrieb ich im Geiste das Hundehasserbuch.

Heino wurde an Andys Tür genagelt. Heino wurde vergiftet. Gekocht, mit herausgeschnittener Zunge. Heino in China auf der Schlachtbank …

Alles, nur bitte nicht unter unserem Schlafzimmerfenster. Jedes Mal, wenn ich Andy auf diese Ohrenfolter hinwies, versprach er mir, seinen Kläffer morgens nach der Verrichtung seines Geschäftes wieder ins Haus zu holen. Bis beim nächsten Mal das Gebell wieder losging.

»Oha, hier hat jemand eine mächtige Schraube locker«, war Andys Kommentar beim Anblick von Cindys Bett.

»Das dauert ja schon ’ne geraume Zeit an«, sagte ich, »ich glaube, ich ruf Bernhard mal an.«

Bernhard war der Bibelmann. Er hatte den besten Kontakt zu Schwarzer Adler.

»Hallo Bernhard, hier ist Udo, ich hab da mal ’ne Frage.«

Es folgte eine Pause und dann ein gedehntes: »Jaa, was gibt es denn?«

Der heilige Mann musste erst einmal aus seiner meditativen Versenkung kommen.

»Sag mal, wie kommt ihr so mit Tim klar? Ist der eigentlich auch manchmal normal?«

»Jaa, wir kommen gar nicht mehr mit ihm klar. Ich hab das Gefühl, dass er jetzt komplett durchgedreht ist. Heute Mittag hat er uns noch erzählt, Cindy wäre die weiße Frau, die ihm auf die Reise folgen müsse, und jetzt hat er bizarre Pfeilmuster auf Sybilles Bett gelegt und gesagt, er hätte sich geirrt, Sybille müsse ihm folgen.«

»Solche Muster hat er gestern Nacht während der Party auch auf Cindys Bett gelegt. Ich glaube, du musst mal mit ihm reden. Der kommt ohne Therapie nicht wieder auf den Teppich zurück.«

»Jaa, Alter, Alter, ich glaube, du hast recht. Ich muss das mit den anderen besprechen. Da kommen wir jetzt nicht mehr darum herum. Ich ruf dich morgen an, jaa, Alter.«

»Okay, seht zu, dass ihr einen guten Platz für ihn findet. Auch wenn Tim nicht gefährlich ist, was man ja nicht wissen kann, muss er unbedingt in seinem eigenen Interesse behandelt werden. Tschüs, bis dennsen.«

»Jaa, tschüs bis morgen, Alter.«

Schwarzer Adler kam am nächsten Tag in die Klapsmühle und wir hofften, dass es nicht allzu lange dauerte, bis er als Tim wieder herauskommen würde.

»Wir können hoffen, dass er überhaupt wieder herauskommt«, meinte Cinderella. Ich befürchtete, dass sie mit der Einschätzung von Tims Zustand ganz richtig lag.

43

Playmate

»Ich muss mir mal 'ne Stange aus dem Kreuz leiern!«

Ich saß auf meinem Lieblingsplatz im Wohnzimmer und blickte aus dem Fenster. Es hatte begonnen zu schneien. Eine Kanne Tee stand auf dem Stövchen und ich las etwas von Sri Aurobindo, einem indischen Philosophen, Mystiker und Guru.

Er strebte danach, das Göttliche auf der Erde erfahrbar zu machen. Bei ihm nannte sich das höchste Ziel das Supramentale, die Durchdringung von allem, die Einsicht und die Vielsicht in einem zeitlosen Prozess. Die Verbindung des Göttlichen mit seiner Schöpfung. Über die Erleuchtung führte für ihn der Weg zum Overmind, der den Blick auf Raum und Zeit bündelte und alles integrierte, während im Supramental, der höchsten Stufe, eine einzige Vision von allem und gleichzeitig die Myriaden von Aspekten in einem erfahrbar wurden. Er hatte aber auch ganz brauchbare Alltagstipps drauf.

»Wenn dein Ziel groß ist und deine Mittel klein
handle trotzdem.
Durch dein Handeln allein
werden auch deine Mittel wachsen.«
(Sri Aurobindo)

Oha, hatten die Politfreaks an der Basis am Ende doch recht. Konnte man etwas bewegen?

Ich dachte an Ghandi. Er hatte den Engländern ganz schön Feuer unterm Arsch gemacht. Und das auf seine besondere Weise.

Die Tür ging auf und Cindy kam herein: »Udo, ich hab Besuch mitgebracht.«

»Ich fasse es nicht! Kalle, komm doch rein. Ich hätte nicht gedacht, dass du dich mal hierher verirrst.«

»Hallo Udo, das hier ist Sabine.«

»Hallo.«

Ich hatte Kalle in Hausbruch in der Disco kennengelernt. Solche Bekanntschaften sind meist flüchtiger Natur, deshalb wunderte ich mich über diesen Besuch. Er hatte eine Braut dabei, die mir den Atem verschlug.

»Sabine ist aus Harburg und macht Karriere als Model. Sie ist in diesem Monat Playmate im deutschen Playboy.«

»Also, mein Votum hättest du bekommen, Sabine«, sagte ich, »aber ihr verkohlt mich doch, was?«

Kalle hatte den Playboy unter dem Arm und zeigte mir Sabine. Cindy guckte schräge, aber wir waren ja sexuell befreit.

»Wow, ein Playmate in meiner bescheidenen Hütte.«

»Ich hatte Sabine von dir erzählt und sie hatte Lust bekommen, dich kennenzulernen.«

»Huch, und warum?«

»Sie fand es interessant, wie du hier so lebst und was du so treibst.«

»Was treibe ich denn so?«

»Na ja, so das Unkonventionelle. Musik machen, philosophische Bücher lesen und diese Freiheit.«

»Ja, fand ich interessant«, sagte Sabine.

Das war das Erste, was sie bisher außer »Hallo« gesagt hatte.

»Danke für das Kompliment.«

Dieser Angriff auf meinen Minderwertigkeitskomplex war

die beste Medizin für mein Ego. Plötzlich fiel mir auf, wie bescheuert ich gekleidet war. Ich hatte eine kackbraune, viel zu große Wolljacke an und trug Pantoffeln. Ich sah nicht gerade wie der große Gatsby aus. Sabine hatte das Buch von Sri Aurobindo in der Hand, legte es wieder auf das Fensterbrett und fragte: »Wo is' 'n hier das Klo? Ich muss mir mal 'ne Stange ausm Kreuz leiern.«

Ohne den Kopf zu wenden, sah ich Cindy an, die neben mir saß. Es war der klassische Fall von: Ein Blick sagt mehr als tausend Worte.

»Über den Flur und gleich die erste Tür rechts.«

»Okay.«

Kalle redete weiter, als ob nichts Besonderes gewesen wäre. Das war die ganz normale Ausdrucksweise der Harburger Proletenschicht.

Aber es erstaunte, ja erschreckte sogar ein bisschen, dass aus so einem blonden Engel, der zudem auch noch Hauptakt im bekanntesten Männermagazin der Welt war, so ein derber Ton herauskommen konnte.

»Auch die Kacke von Playmates stinkt«, dachte ich.

Wir tranken noch einige Kannen Tee und parlierten in den Abend hinein über Gott und die Welt. Die ganze Zeit hockte Sabine vor mir auf dem Teppichboden und schenkte mir Tee nach. Meine Gedanken wilderten in sexuellen Bereichen und ich konnte mir atemberaubende Sachen vorstellen: Da kauert vor dir ein Playmate auf dem Boden, mein lieber Udo. Was würdest du wohl machen, wenn die anderen jetzt nicht hier wären?

»Ich hätte da so einige Ideen, liebe innere Stimme.«

Als Kalle und Sabine sich verabschiedeten, kamen wir überein, dass sie irgendwann wieder vorbeikommen würden.

»Die werden wir nie wiedersehen. Kalle wollte uns nur vorführen, dass er ein Playmate kennt«, sagte ich zu Cindy.

Ich sollte recht behalten.

ZWÖLF

44

›Walhalla‹ 2
»Ich sah ein schones Fraulein im ledsten Audobus ...«

In den Wintermonaten nach Weihnachten war meist Saure-Gurken-Zeit für das Musikgeschäft. Wir hatten nicht viel zu tun. Das war nicht gut für meine psychische Konstitution. Ich wurde zunehmend missgelaunter und hatte wieder tausend Zipperlein. Bei einer der raren Tanzmucken griffen mich wieder die dämonischen Zustände an.

Ich stand auf der Bühne in der ›Walhalla‹ und die ganze Szenerie schien sich wieder von mir zu entfernen. Die Geräusche wurden unwirklich und die Unterhaltung der Gäste wurde zu einem bedrohlichen Wortbrei. Das setzte automatisch den Angstpegel hoch, denn ich sollte gleich singen. In diesen Momenten konnte ich mich nicht konzentrieren. Die Lage verschlimmerte sich außerdem durch das Erfordernis, teilweise auf Deutsch singen zu müssen. Bei englischsprachigen Titeln konnte man schon manchmal Zeilen oder ganze Verse vertauschen. So etwas merkte fast keiner, aber bei deutschen Schlagern von Peter Maffay oder Udo Jürgens konnte man nicht ›Im Himmel ist Jahrmarkt‹ singen. Das fiel auf. Dieses volksnahe, einfach strukturierte Liedgut konnten viele Gäste auswendig. Fairerweise musste ich zugeben, dass Udo Jürgens' Titel ›Ich weiß, was ich will!‹ nicht so simpel war.

Was konnte ich tun? Glücklicherweise war vorerst Tischmusik angesagt. Ich entschied mich für Selbstmedikation. Vielleicht ließ sich der Scheißzustand ja wegtrinken. Ich schüttete mir einige braune Schnäpse rein.

Die ersten drei Gesangsnummern waren das nackte Grauen. Die Jungens begannen mit dem Backgroundchor von ›Rote Lippen‹: »Di dip, di di dip, di dip, di di dip, di dip, di di di, ohohoho«, und wiederholten es immer wieder: »Di dip, di di dip, di dip, di di dip, di dip, di di di, ohohoho …«, doch ich fing nicht an zu singen. Ich wusste nicht mehr, mit welcher Zeile das Stück beginnt.

»Di dip, di di dip, di dip, di di dip, di dip, di di di, ohohoho, Ich sah ein schönes Fräulein …«, sang Andy und ich komplettierte »… im ledsten Audobus!« Selbst in dieser Verfassung sang ich im Verarschungs-Slang. Das hatte sich schon so eingeschliffen.

Andy hatte geschaltet.

»Udo, was ist denn los?«, fragte er mich.

»Mir geht es nicht gut. Sing du mal zwei Nummern.«

»Warum, was ist los?«

»Das erzähl ich dir später.«

In der nächsten Pause wieder Braune.

»Hast du Zahnschmerzen?«

»Nein, Ralf.«

»Du trinkst aber so schnell, als wenn du dich betäuben willst.«

»Vielleicht will ich das ja, aber nicht wegen Schmerzen.«

Ralf drehte sich zu Hannes um: »Udo hat Liebeskummer.«

Ich ließ sie in dem Glauben.

»Ich bin gleich wieder okay.«

Tatsächlich ließ der Dämon von mir ab und es ging mir zunehmend besser. Anderen wurde bei der Menge von Schnäpsen blümerant, aber ich wurde wieder klar. Verkehrte Welt. Jetzt musste ich aufpassen, den Level zu halten und nicht zu übertreiben, denn sonst kippte die Konzentration möglicherweise durch den Alkoholspiegel.

Ich trank erst einmal eine Flasche Mineralwasser, was sich bei ›So bist du‹ von Peter Maffay als ungünstig herausstellte. Ich musste ständig das Rülpsen unterdrücken.

Richie und Kannen-Ralf zogen trinktechnisch nach und hatten ihrem Verhalten nach bald meinen Pegel erreicht.

»Ist gleich elf, jetzt kommt die Verlosung«, sagte Andy.

Ein bäuerlich wirkender Mensch steuerte auf die Bühne zu, guckte auf das Mikrofon.

»Kann ich hier rein?«

Er ging ans Mikro und pustete wiederholt hinein.

»Is' das an?«

»Ja, das is' an.«

»Meine Damen und Herren – das is' ja gar nicht an.«

»Doch, das is' an, Sie müssen dichter rangehen.«

Er betrachtete das Mikro wie ein gefährliches Tier. Ralf und Richie standen hinter der PA-Box und feixten rum.

»Noch dichter, Sie müssen noch dichter ran.«

»Meine Damen und Herren«, sagte der Landwirt und wich erschrocken zurück, weil er sich noch nie so laut gehört hatte, fasste sich ein Herz und sprach weiter, »meine Damen und Herren, und dschetzt kommt die Tom Bola.«

Er betonte die zweite Silbe, als wenn er jemanden namens »Tom Bola« vorstellte.

Ich hatte mich zu Ralf und Richie gesellt und wir konnten kaum noch das Lachen unterdrücken. Andy schickte uns einen bösen Blick rüber, denn er musste sich nach Feierabend immer mit dem Veranstalter hinsetzen, abrechnen und sich mit Manöverkritik befassen.

Der Sprecher setzte seine Rede, wobei er jedes R kräftig rollte, mit hochrotem Kopf fort: »Derr errste Prreis is' ein Altländerr Katenschinken. Gewonnen hat das Los, ich buchstabierre: eins-drrei-fünf.«

Jetzt hielten wir es nicht mehr aus, uns kullerten die Tränen über das Gesicht.

»Ich brech zusammen.«

»Ich kann nicht mehr.«

»Aufhören, ich geh kaputt.«

Andy tötete uns mit Blicken. Wir drehten uns um, aber das Schütteln unserer Körper verriet uns. Endlich war der Spuk vorbei und wir konnten uns erholen.

»Könnt ihr euch nicht 'n bisschen zusammenreißen!«

»Okay, Chef«. »Okay«.

Wir waren schon wieder auf dem Weg zum Tresen.

»Machs' nochma' drei?«

Wir hatten Spaß daran, das Norddeutsche besonders zu betonen.

»Hau wech, die Fütze.«

Der Abend wurde immer lustiger. Die Leute waren gut drauf und wir gingen nach der Charleston-Show zur Torfrock-Serie über. Wir setzten uns die Plastikhelme auf und Kannen-Ralf kam auf die Idee, die Hosenbeine hochzukrempeln. Richie sagte: »Jungs, und jetzt mit freiem Oberkörper.«

»Oh ja, warm genug ist es.«

Meine Mutter hätte gesagt: ein Bild für die Götter.

Männer in schwarzen Beinkleidern mit aufgekrempelten Hosenbeinen, freiem Oberkörper und auf dem Kopf Wikingerhelme aus Plastik. Wir sahen total bescheuert aus.

»Wenn ihr so raus geht, steig ich aus«, zeterte Andy, als er hinter die Bühne kam und uns ungläubig anstarrte.

Wir waren schon viel zu betrunken, um uns darum zu kümmern. Als wir auf die Bühne stiegen, setzte ein Sturm des Applauses ein, begleitet von beipflichtendem Gejohle: »Super, Jungens! Haut rein! Klasse!« Andy stand wie versteinert am Bass und fühlte sich sichtlich machtlos.

Ich lallte: »Guck mal, geht doch, gefällt den Leuten.«

Kein Kommentar erreichte mein Ohr.

»Volle Grranate, Rrenate, Rrenate, Rrenate, Rrenate.

Volle Grranate Rrenate, Rrenate, Rernaté.«

Wir rollten das »R« übertrieben und Kannen-Ralf, der nichts zu blasen hatte, lief mit der Plastikkeule herum und schlug uns damit. Das Publikum raste und tanzte ausgelassener als sonst.

Drumming-Ralf saß peinlich berührt an seiner Schießbude. Der hatte sich natürlich nicht an dem Spaß beteiligt und ich dachte, mit Hemd und Fliege sah man mit einem Plastikhelm noch bekloppter aus.

Hannes grinste uns an. Er schien sich köstlich zu amüsieren. Nur Andy blickte finster. Er hat die ganze Nacht nicht mehr mit uns geredet.

Durch diesen Auftritt wurden wir in der ›Walhalla‹ immer wieder gebucht und avancierten zur Hausband. Die Leute wollten für ihre Feiern nur noch die Band »die sich immer umzieht und bei der die Stimmung so gut ist«.

Andy glaubte nicht daran, das heißt, er wollte es nicht glauben, dass die Show der Grund für unseren Erfolg gewesen war.

45

Demo

»Wehrt euch, leistet Widerstand!«

Auf unserem knallroten R4 prangte ein gelbes Schild mit: ATOMKRAFT? NEIN DANKE!

»Die Jusos aus Eimsbüttel nehmen an einer Demo gegen das AKW in Brokdorf teil. Wollen wir da nicht mitgehen? Wir können doch nicht nur passiv mit so einem Schild rumfahren und sonst nichts dagegen tun«, sagte Cindy.

»Da ist was dran. Das stimmt, wir müssen auch dabei sein.«

In der Wilstermarsch wurde ein günstiger Treffpunkt vereinbart. Dort wollten wir uns mit Cindys Bekannten treffen. Es war Ende Februar und es herrschte eine steife Brise. Wir schwangen uns in unsere Kiste und kutschierten durch den Elbtunnel. Am Treffpunkt angekommen mussten wir erst einmal nach den Leuten suchen.

Es herrschte reger Andrang. Traktoren zogen Hänger, auf denen Leute mit Transparenten standen und Reden schwangen. Großer Bahnhof war hier angesagt. Alle Leute, die mit der Atompolitik der Bundesregierung nicht zufrieden waren, hatten sich eingefunden und wollten ein Zeichen setzen.

Wir entdeckten die Eimsbütteler, die ein großes Transparent hochhielten. Menschenmassen waren nicht so mein Fall und ich fühlte mich unbehaglich. Ein Typ, der aussah wie ein Realschullehrer, begrüßte uns: »Hallo Cindy – und du bist bestimmt der Udo.«

»Ja, hallo.«

»Der sieht aus wie ein Lehrer«, raunte ich Cindy zu.

»Stimmt, der ist auch Lehrer.«

»Liebe Genossen, wir reihen uns gleich nach den Jusos ein. Stellt euch doch schon mal hier auf!«

Der Lehrer gerierte sich als Demoführer. Das behagte mir gar nicht. Ich mache nicht gern, was andere in diesem komischen Ton sagen. Cindy kannte mich sehr gut: »Stell dich nicht so an, komm schon her!«

»Na gut, aber nur weil du das sagst.«

Nachdem der Vorturner sich eingereiht hatte, forderte er seine Schäfchen auf, ihm zu folgen. Wir trotteten zum Zielort. Es war saukalt. Der Wind sorgte für eine gefühlte Temperatur von minus fünfzehn Grad. In der Wilstermarsch hatte Sankt Püsterich leichtes Spiel, denn hier gab es nichts, was ihn aufhielt. Hier war es flach und nochmals flach. Man hatte das Gefühl, bis an das Ende der Welt gucken zu können.

»Sag mal, Schatzerl, wie weit ist es noch bis zum AKW?«, fragte ich Cindy.

»Keine Ahnung, ich sehe noch nichts.«

Die Straßenränder waren mit parkenden Fahrzeugen bepflastert, soweit das Auge reichte. Aber kein AKW in Sicht. Langsam kroch die Kälte durch mein Gewand. Ich hörte die Stimme des Chefs: »Wir singen uns jetzt warm!«

Dann begann er und ich wunderte mich darüber, dass alle mitsangen. Das war für mich unmöglich. Ich sang nicht auf

Kommando. Nur auf der Bühne, denn dort habe ich mich freiwillig engagieren lassen.

»Wehrt euch, leistet Widerstand, gegen das Atomkraftwerk im Land! Schließt euch fest zusammen, schließt euch fest zusahahammen. Wehrt euch ...«

Alles folgte wie eine Viehherde. Ich war erschüttert und fing an zu muhen: »Muh, muh, muh«.

Dann blökte ich: »Bäh, bäh, bäh.«

Keiner verstand den Witz, außer meiner liebsten Cinderella. Ich fühlte mich wie ein Rindvieh. Und kein AKW in Sicht.

Nach knapp einer Stunde sah ich die Kuppel. Über uns kreisten Hubschrauber.

»Die Polizei hat diverse Straßen und Wege gesperrt«, sagte jemand.

Der Realschullehrer schaute konsterniert. Eine Gruppe hatte sich abgespalten und versuchte über Wiesen und Gräben zum AKW zu gelangen.

»Komm, wir gehen mit«, rief ich Cindy zu, »dann sind wir den Dussel endlich los. Und wenn ich schon hier bin, dann will ich auch nach vorn.«

Ich hatte noch nie so viele Menschen an einem Ort gesehen. Wir liefen querfeldein, über uns die kreisenden Hubschrauber.

»Diese Arschlöcher da oben machen mir Angst«, sagte meine Gefährtin.

»Mir auch. Los, komm, wir müssen weiter.«

Nicht weit vom Zaun tobte die Schlacht. Eine Gruppe militanter Demonstranten attackierte mit Leuchtspurmunition und Stahlkugeln das Gitter. Die Polizei antwortete mit Wasserwerfern und Tränengas.

Hier wird es ungemütlich, ging es mir durch den Kopf. Vor uns hantierte ein behelmter Demonstrant mit Steinen herum. Er drehte sich zu uns um und ich erkannte ihn sofort.

»Rainer!«, entfuhr es mir.

Es war Rainer aus der Poststraße.

»Wenn man was macht, dann muss man es richtig machen, Udo«, brüllte er.

Vor allem durch die kreisenden Hubschrauber war es hier höllisch laut.

Im nächsten Moment schleuderte er einen Stein in Richtung Zaun. Ich sah, wie ein Wasserwerferbulle auf uns aufmerksam wurde und seine Richtung wechseln wollte.

»Wir müssen hier schnell weg. Der Wasserwerfer dreht. Wenn wir den Strahl abkriegen, erstarren wir zu Eissäulen!«, schrie ich in Cindys Richtung.

Wir nahmen die Beine in die Hand und gaben alles, was drin war. Abbekommen hatten wir nur herübergewehte Schwaden, die sofort zu Eiskristallen gefroren. Ich sah, wie Hubschrauber landeten und die Menschen vor sich hertrieben.

Jetzt ging es wieder über die Wiesen zurück. Einige hatten Kinder dabei und wir mussten diese öfter über die Gräben reichen. Es schien jetzt überall Polizei zu sein. Sie schnitten uns den Weg ab. Hinter einer Scheune konnten wir verschnaufen.

»Wir müssen allein weiter. Die Bullen gehen dahin, wo sie viele Leute sehen. Komm, wir müssen in diese Richtung laufen und dann von der anderen Seite zu der Straße, wo unsere Karre steht.« Ich deutete nach Osten.

»Wie kommen wir über den breiten Graben rüber?«, fragte Cindy.

»Es geht nicht anders, Schatz. Ich spring zuerst und fang dich dann auf. Los, komm endlich, schnell.«

Ich nahm Anlauf und hob ab. Ein Fuß landete im Modder.

»Scheiße, nasser Fuß!«

Mein Schatz nahm Anlauf und sprang. Sie landete direkt auf der Hälfte der Grabenkante und drohte nach hinten zu kippen. Ich packte ihre Jacke und zog sie hoch. Auch sie hatte mit einem Fuß ins Moor getreten. Wir hetzten weiter. Wieder Hubschrauber über uns. Aber sie landeten circa einen Kilometer weiter. Als wir nach einigem Zickzacklaufen endlich das Auto erreichten, froren wir nicht mehr. Wir waren ausgepumpt und erleichtert, dass wir es geschafft hatten.

Einige Leute verfrachteten schreiende Kinder in ihre Autos.

Ich würde hier nicht mit Kindern hingehen, dachte ich.

»Vielleicht haben sie nicht mit so einer Eskalation der Lage gerechnet«, sagte Cindy, als hätte sie meine Gedanken gelesen.

»Los, schmeiß die Karre an.«

»Ja, ja.«

»Ja, ja heißt leck mich am Arsch.«

»Aber erst, wenn wir zu Hause sind.«

Es war eiskalt im Auto und wollte auch nicht so richtig warm werden. Dieser nur behelfsmäßig verkleidete Kombi war mehr ein Sommerauto. Wir froren schnell wieder.

Als wir endlich zu Hause ankamen, waren wir Eisklötze. Ich stellte den Ölofen auf volle Leistung und machte uns Punsch mit einem kräftigen Schuss Rum. Langsam kamen die Lebensgeister zurück. Die Erlebnisse der letzten Stunden hatten uns sprachlos gemacht. Ich hatte noch nie so viel massive Staatsgewalt, teilweise brutal knüppelnd, die Menschen wie die Hasen vor sich herjagend und ohne Rücksicht auf die Kinder, auf einmal gesehen.

Nach dem dritten Punsch waren wir hundemüde und schliefen den Schlaf der Gerechten.

46

Der Blues
»There's a red house over yonder,
that's where my baby stays ...«

Im Laufe der Zeit verflog die Lust an der Oldieband. Wir waren es satt, ständig das blöde ›Mit Pfefferminz bin ich dein Prinz‹ spielen zu müssen, obwohl Andy das Krähen von Marius Müller Westernhagen sehr gut beherrschte. Weniger oder möglichst keine Kompromisse wollten wir machen.

Die Tanzmusikband und das Taxi hielten mich noch über Wasser, also nickte ich den Plan ab und wir gaben unserer Oldieband einen anderen Namen und ein anderes Programm. Jetzt spielten wir auch Stücke, die uns am Herzen lagen und nicht nur Megaseller. Zu unserem Programm gehörten Songs von Mitch Ryder, der Blues Band und Jimi Hendrix. Auch ein einheitlicherer Look gehörte dazu. Wir trugen Tuchhosen aus alten Zeiten, die mit Hosenträgern versehen waren und sogenannte »Opahemden«. Das waren weite, lange Dinger mit Schlitzen an den Seiten. Unsere Auftritte wurden ganz gut angenommen. Wir nannten uns jetzt ›Hans-Dampf-Band‹.

Es war wieder einmal die schönste Zeit im Alten Land. Weit und breit ein einziges Blütenmeer. Johann absolvierte seine Spritztouren, während ich mit Andy auf Hecht ging. Wir durften uns das Boot vom Brackgespenst Karl ausleihen. Wenn wir tatsächlich einen Hecht erwischten, bereitete Michaela das Bürschchen in der Backröhre zu. Fangfrischer Fisch war eine Offenbarung für den Gaumen und hatte zudem etwas Archaisches und Echtes.

Wir waren froh, dass das Geschäft mit Stadtfesten aufblühte. Jeder noch so kleine Ort wollte seinen Bürgern ein Stadtfest bieten, wie man vollmundig in den kommunalpolitischen Bereichen verlauten ließ.

Der Hintergrund war natürlich das Catering, das größtenteils aus Bier, Schnäpsen, Bratwürsten, Schaschlik und Pommes bestand. Die unvermeidlichen Champignon-Pfannen und Pizzastücke gehörten selbstverständlich auch dazu. Da war einiges zu verdienen, denn Anfang der 80er-Jahre ging es den deutschen Mitbürgern finanziell noch gut. Die Leute wollten schlemmen und Rockmusik hören.

Uns war es recht. Wir hatten einen Open-Air-Auftritt auf dem Stader Pferdemarkt. Dafür war eine große PA nötig, die wir uns ausliehen und von professionellen Roadies aufbauen ließen.

Als ich die ersten Worte beim Soundcheck ins Mikrofon sprach, war ich überwätigt. Das war Macht. Ein unglaublicher Sound schallte über den Platz, der mit Hunderten von Menschen übersät war. Das Publikum hatten wir nach einer Stunde im Griff und die Menge wogte im Takt der Musik. Eddie und Cindy schossen jede Menge Fotos und auch die Presse war vor Ort.

Dieses Erlebnis fixte mich an. Ich wurde endgültig zur Rampensau. Es konnte nichts Schöneres geben, als hier oben zu stehen und sein Herz zu öffnen. Seine Gefühle für Musik zu transportieren. Die Sau raus zu lassen, abzurocken, um im nächsten Moment die schöne Melancholie des Blues zu verbreiten. Und beklatscht zu werden, geliebt zu werden. Hier oben hatte ich das Gefühl zu leben: Hier stehe ich, Leute. Das bin ich wirklich!

Richie bot den ›Red House Blues‹ an und ich schloss die Augen und legte mich in den fetten Sound seiner knallroten ›Gibson Halbresonanz‹.

»There's a red house over yonder,
that's where my baby stays ...«

Der Blues bot Raum, sich auszudrücken. Es war mehr im

Spiel als bloße Reproduktion. Interpretation und Improvisation waren gefragt. Musik und Magie begannen hier und sonst nirgends.

Das Publikum war spürbar begeistert und wir mussten etliche Zugaben geben.

»We all came down to Montreux,
on the Lake Geneva shoreline ...«

›Smoke on the Water‹ musste sein. Die Menge verlangte nach einfachen Strukturen. Fäuste reckten sich in den Himmel.

»Ach! der Menge gefällt, was auf den Marktplatz taugt,
Und es ehret der Knecht nur den Gewaltsamen;
An das Göttliche glauben die allein,
Die es selber sind.«
(Johann Christian Friedrich Hölderlin, Menschenbeifall)

Die Gewalt des Hardrocks für den Marktplatz und der Blues als das Kontemplative, das göttliche Element der Musik. Musste man den Blues leben, um ihn singen und spielen zu können? Zugegebenermaßen eine gewagte Assoziation. Ich empfand es so. Hölderlin hatte Selbstmord begangen. Musste man so enden wie Kleist, Nietzsche, Jim Morrison, Janis Joplin und Jimi Hendrix, wenn man den Dingen auf den Grund gehen wollte?

Wir schwebten nach dem Auftritt auf Wolke Sieben und tranken einige Biere auf unseren Erfolg.

Mich zog es wieder nach Griechenland. Ich packte meinen Rucksack und machte mich auf nach Berlin, um mit der ungarischen Fluglinie Malev via Budapest nach Athen zu fliegen. Cindy hatte noch keinen Urlaub und wollte nachkommen.

Ich hatte mir überlegt, die Nördlichen Sporaden kennenzulernen und wollte nach Skiathos oder Skopelos.

Abends hockte ich dann einsam in Tavernen und dachte darüber nach, wie lange das noch so ziellos mit meinem Dasein weitergehen sollte. Mir fiel keine Lösung ein.

Nach einigen Tagen telefonierte ich mit Cindy und sie eröffnete mir, dass ihre Mutter schwer erkrankt sei und sie nicht nachkommen könne. Hätte ich da nicht schon misstrauisch werden müssen? Scheiße, jetzt musste ich den ganzen Urlaub allein verbringen. Es wurden beschissene Wochen.

»Jetzt lebst du den Blues«, dachte ich.

Ich fühlte mich unendlich einsam.

Am Strand, an dem ich mich herumtrieb, lernte ich einen Griechen, einen Norweger und eine Norwegerin kennen. Wir unternahmen einiges zusammen, und weil ich schon immer gern kochte, bot ich mich für Spaghetti Bolognese an. Vor dem Zelt auf dem Boden mit einem Gas- und einem Esbit-Kocher – eine Herausforderung, aber auch romantisch.

Nach dem Essen am Strand ging goldgelb ein riesiger Vollmond auf. Wir saßen beim Wein und erzählten uns Geschichten. In dieser Nacht hatten wir ein gemeinsames, mystisches Erlebnis. Da stand dieser große Mond am Himmel, das Meer rauschte leise und es stellte sich heraus, dass wir alle unter dem Sternzeichen Krebs geboren waren. Wir kamen zu dem Schluss, dass das kein Zufall sein konnte.

Dann war wieder Zeit, Abschied zu nehmen, nicht ohne sich zu versichern, in Kontakt zu bleiben.

Ich enterte die Fähre nach Euböa. Von hier sollte es mit dem Bus weiter nach Athen gehen.

Auf der Fähre befand sich ein Mädel, auf das ich auf der Insel ein Auge geworfen hatte. Leider hatte sich ein anderer Galan ihrer schon angenommen. Auf der Fähre schien sie allein zu sein und wir kamen ins Gespräch. Es sollte die kürzeste Urlaubsaffäre werden, die ich je erlebte. Sie hieß Zoi und hatte wunderhübsche grüne Augen. Sie stammte aus Athen und studierte auch dort. Wir küssten uns an Deck der Fähre und ich merkte, wie mir ein Knüppel wuchs. Da ich lediglich eine Turnhose trug, fiel das verdammt auf. Der Kapitän auf der Brücke grinste wohlwollend zu uns herunter. Es war so extrem erregend, weil alles so schnell passierte. Wie konnten wir die Zeit anhalten? Wenn wir es gekonnt hätten, wäre es nicht mehr so gut gewesen. Der Thrill wurde durch die Kürze der Dauer noch gesteigert. Wir hatten nur noch eine mehrstündige Busfahrt vor uns.

Im Bus hielten wir uns an den Händen und schauten uns nur an. Die Luft war voller Elektrizität. Wir befanden uns in einer aufgeladenen Aura. Jede einzelne Sekunde, die wir noch hatten, zog bewusst an uns vorüber und wir genossen jeden Augenblick. Athen rückte gnadenlos näher.

Ich sagte Zoi, dass ich noch eine Nacht in Athen bleiben müsse, weil mein Flugzeug erst in den Morgenstunden des nächsten Tages gehe. Sie sagte, sie lebe bei ihrer Mutter und könne mich nicht mitnehmen. Ich schlug ein Hotel vor – sie war nicht begeistert von dem Gedanken. Ich merkte aber, dass sie mit sich rang, und blickte tief in ihre schönen Augen. Sie müsse ihrer Mutter aber Bescheid sagen, dass sie angekommen sei, sonst würde die sich Sorgen machen.

Ich wartete in einer Taverne und später checkten wir ein. Als wir das Zimmer betraten, fielen wir sofort übereinander her, obwohl wir verschwitzt waren und meine Füße mit dem Innenleben der Turnschuhe eine homogene Masse bildeten. Es wurde eine wunderbare Liebesnacht.

Als ich im Morgengrauen auf dem Fensterbrett saß, den Rauch einer Zigarette in die laue Nachtluft blies und auf das Taxi zum Flughafen wartete, durchströmte mich ein Gefühl von Romantik, das kaum auszuhalten war. Ich dachte: Gott, wenn ich jetzt sterbe, ist es okay. Ich will zwar noch nicht, aber wenn du es so beschließt, ist es in diesem Moment okay.

Als ich Zoi zum Abschied küsste, in das Taxi stieg und noch einmal zum Hotelfenster hinauf blickte, kam ich mir vor wie in der Abschiedsszene eines Hollywoodfilmes. Ich dankte dem Schöpfer, dass ich so etwas erleben durfte.

Aber der Schöpfer verlangte eine Gegenleistung. Dass man aber auch immer für alles bezahlen musste.

»Udo, mein Sohn«, sprach er, »du möchtest doch den Blues in all seinen Facetten kennenlernen. Das ermögliche ich dir.«

In Hamburg holte mich Cindy vom Flughafen ab. Sie eröffnete mir, dass es mit uns nicht mehr so weitergehen könne und sie erst einmal in die »Villa Königreich« eingezogen sei. Sie werde wohl nicht mehr zu mir zurückkehren, da sie jetzt mit Eddie zusammen sei. Es tue ihr sehr leid, sie wolle mich nicht verletzen, aber sie könne nicht mehr bei mir bleiben.

Ich war paralysiert. Alles hätte ich mir vorstellen können, nur das nicht! Dass wir zusammengehörten, war für mich so klar wie das Amen in der Kirche.

Nachdem Cindy mich in Hinterbrack abgesetzt hatte, brach ich im Weinkrampf zusammen. Mir lief der Rotz aus der Nase und ich fühlte mich immer schwächer. Ich hatte den ganzen Tag noch nichts gegessen und wollte auch nichts. Warum jetzt noch essen? Das Leben war vorbei. Ein für alle Mal. Jetzt hatte ich nichts mehr und mir dämmerte langsam, dass ich selbst schuld daran war.

Was hatte ich alles von ihr verlangt. Als ich vor einigen Wochen in einer Kneipe in Hamburg erfahren hatte, dass man mit abgeschlossener Berufsausbildung und nach dem Bestehen einer Aufnahmeprüfung an der Hochschule für Wirtschaft und Politik auch ohne Abitur studieren konnte, hatte ich den ganzen Papierkram der Anmeldung Cindy überlassen. Wie sehr hatte ich ihre Nerven strapaziert.

Wie konnte es ein Mensch mit mir aushalten? Mit meinen Anwandlungen, meinen Zipperlein, meinem Herumgejammer, meinem Herumgeschlampe, meiner Richtungslosigkeit. Andere machten Karriere, und ich schlich mit philosophischen Büchern durch die Kirschhöfe auf der Suche nach einem Sinn. Wie pubertär musste ich doch wirken. Sie hatte recht daran getan, mich zu verlassen.

Ich hatte nichts dazu gelernt seit meiner Niederlage mit Anna. Die Zeit der Selbstanklagen und der Stilisierung des

Leidens hatte wieder begonnen. Ich ließ den Blues richtig tief in mein Innerstes eindringen. Einige Tage und Nächte lang bewegte ich mich nur dann aus dem Schlafzimmer, wenn ich zur Toilette musste.

Da war sie wieder, die Faust, die den Magen immer weiter zusammendrückte. Dieser nagende Schmerz im Bauch. Dieser Seelenschmerz, der durch den Körper wanderte. Ich wurde immer blasser, rauchte nur noch und verlor an Gewicht.

Lieber Schöpfer, was habe ich verbrochen, dass du innerhalb von wenigen Tagen so mit mir Achterbahn fährst? So genau wollte ich das mit dem Blues dann doch nicht wissen. Die Situation wurde noch dadurch verschlimmert, dass Fischlein und Paul ausgezogen waren, weil sie ihre Studienplätze bekommen hatten. Die obere Etage hatte Geli übernommen. Sie arbeitete als Nachtschwester. Das hatte zur Folge, dass wir uns nur selten sahen. Nur wenn sie freihatte, tranken wir Wein und klönten.

Geli hatte gerade wieder Schichtanfang und ich fühlte mich allein im Haus. Ganz allein mit mir und meinem grauenhaften Selbstmitleid. Ich suhlte mich darin. Wie ein Schwein im Dreck.

»Reiß dich jetzt bloß zusammen, du Arschloch«, sagte der letzte Vernünftige in meiner multiplen Psyche.

Ich brauchte sofort einen realen Mitbewohner in der unteren Etage, sonst wäre eine noch größere Pleite angesagt, als sie sowieso schon vorlag. Der Jammerlappen übernahm wieder das Kommando: »Jetzt ist doch alles scheißegal.«

»Beschäftige dich, gestalte die Wohnung um, lenk dich doch ab«, ließ der Vernünftige verlauten und ich dachte: Du hast ja recht, Mister Vernünftig. Entweder gleich Schluss machen oder sich aufraffen. Ich werde zu Tetsche fahren und mir eine Bohrmaschine ausleihen.

Der große Bastler war ich nicht. Das hatte zwei Gründe. Ich war nicht sonderlich handwerklich begabt, weil meine Eltern, immer wenn ich als Kind etwas selbst basteln wollte, gesagt hatten: »Gib her, du hast doch zwei linke Hände!«

Weil es ihnen nicht schnell genug ging. Der andere Grund war die Faulheit. Wenn etwas unbedingt gemacht werden musste, dann schaffte ich das auch, aber ich hatte kein großes Interesse am Werkeln. Deshalb hatte ich wahrscheinlich auch keine Bohrmaschine.

Ich fuhr also ganz tapfer nach Königreich, betrat die Villa und suchte Tetsche. Sie waren alle in der Küche. Eddie saß neben Cindy.

Später erzählte man mir, mir sei das Blut aus dem Kopf gelaufen und ich sei weiß wie eine Wand gewesen. Ich wusste nicht mehr so recht, wie ich nach der Bohrmaschine gefragt hatte. Ich konnte mich auch nicht mehr erinnern, wie ich nach Hause gefahren war.

Als ich ins Wohnzimmer trat, packte mich die kalte Wut und ich schleuderte einen unserer antiken Stühle in unser bestes Stück, ein wertvolles Büfett mit geschliffenem Glas im Oberteil, das jetzt in Scherben lag.

Dann folgte die Verzweiflung und ich machte nichts mehr. Bald sollte die Aufnahmeprüfung für die Zulassung zum Studium an der HWP stattfinden.

»Nein«, ging es mir durch den Kopf, »den Triumph, hierbei wieder zu versagen, gönne ich niemandem.«

Den Stachel, der seit meinem Bildungsdesaster in der Jugendzeit tief in meinem Fleisch steckte, würde ich jetzt ein für alle Mal entfernen. Das war das Wichtigste für mich.

»Ich werde es euch zeigen!«

Ich bereitete mich gründlich vor und bestand die Prüfung.

Nun hieß es warten, denn man konnte nicht sofort anfangen wegen des hohen Andrangs. Aber ich hatte einen Strohhalm, durch den ich, versunken in der schlammigen Brühe der Depression, frischen Atem holen konnte.

47

Robert, Nina und Geli
»Du bist der Udo und ich bin die Geli ...«

Robert war ein Riese. Er war zwei Meter groß und zog bei mir ein. Er hatte irgendwo ein Loch im Körper, in das er literweise Kaffee hineinschütten konnte, ohne seine Ruhe zu verlieren. Er hätte eigentlich wie der tasmanische Zeichentrickteufel durch die Gegend fräsen müssen aufgrund seines Kaffeekonsums, aber Robert war die Ruhe in Person. Ich glaube, das lag an den vielen Joints, die er rauchte. Wenn er keinen Kaffee getrunken hätte, wären seine Bewegungen wahrscheinlich in Zeitlupe abgelaufen. Wir hatten eine Haushaltskasse für Lebensmittel und der Kaffee war der größte Posten.

Um uns fit zu halten, gingen wir zu Fuß zum Einkaufen nach Buxtehude. Es waren hin und zurück ungefähr zwanzig Kilometer – und das mit Einkaufstüten! Aber wir liebten das Gehen auf den Deichen und die Unterhaltung dabei oder wir hingen unseren Gedanken in der freien Natur nach.

Wenn wir eingekauft hatten, machten wir erst einmal Rast im Café Bohne. Hier saßen die Stammfreaks und zockten mit Spielkarten. Robert nahm einige Becher Kaffee, während die Zocker immer betrunkener wurden. Dann begaben wir uns auf den Heimweg. Das machten wir so dreimal die Woche und waren dementsprechend fit.

Aber die meiste Zeit litt ich still vor mich hin. Abends versuchte ich, meinen Kummer durch ein wildes Leben zu verdrängen. Wir fuhren oft in eine angesagte Buxtehuder Kneipe, in der sich auch die Freaks herumtrieben, die am Tag schon im Café gezockt hatten. Ich bewunderte ihre Kondition.

Die beliebtesten Spiele waren hier eindeutig Knobeln, auch »Maxen« genannt, eine Würfelzockerei, und »Zippeln«, das war Knobeln mit Streichhölzern. Meist waren Getränkerunden der Einsatz, das heißt, man konnte entweder ganz billig voll werden oder man hatte diverse Löcher im Portemonnaie. Besonders der Wirt liebte diese Spiele und sie liefen somit meist am Tresen ab. Dann ging das mit den Getränken schneller. Er konnte sich köstlich darüber amüsieren, wenn er im letzten Moment doch noch jemand hereinlegte, der schon damit gerechnet hatte, gewonnen zu haben. Dann lachte er so schallend, dass der ganze Laden bebte. Er hatte gut lachen, denn der Rubel, der durch das Spielen kräftig rollte, ging in sein Säckel.

Herbert, der Zockerwirt, war mit Katharina verheiratet. Katharina war die ältere Schwester von Christina und Beate, den lachenden Sisters aus der großen Familie mit dem Zigeunerblut. Sie führte ein strenges Regiment und hatte genau so viel Temperament wie ihre Schwestern.

Ich erinnere mich an eine Szene, als Herbert nicht im Laden war und Katharina hinter dem Tresen stand. Ein besoffener Schlägertyp, vor dem viele Leute Respekt hatten, versuchte, mit jedem Ärger anzufangen. Katharina sprang den Streithammel an wie eine Raubkatze. Der strauchelte, fiel hin und dann saß sie auf ihm drauf, um ihm eine wütende Standpauke zu halten. Dabei funkelte sie ihn mit ihren dunklen Augen an und zischte ihm irgendetwas ins Ohr. Danach war er lammfromm und trollte sich bald, um die Schmach nicht länger ertragen zu müssen.

Robert machte mich mit einem hellblonden, kurzhaarigen Mädel bekannt. Sie hieß Nina und war absolut kein Kind von Traurigkeit. Diese Art von Gesellschaft konnte ich gut vertragen, denn ich war zur Zeit der Meister der Traurigkeit.

Nina brachte mir das Sekttrinken bei. Wir entwickelten uns mit der Zeit zu einem ›Mumm‹-Sekt-Vernichtungskommando. Da sie ebenfalls viel Interesse an der schönsten Tätigkeit der Welt hatte, die nichts als körperlichen Einsatz kostet, landete sie bei mir in der Koje. Sie hatte für die Missionarsstellung eine tolle Technik entwickelt, sodass diese eher langweilige Position auch Spaß machte. Mein Herz war aber zu verletzt für eine tiefere Beziehung und ich glaube, Nina wollte das auch nicht. Wir hatten einige Zeit viel Spaß miteinander und irgendwann trennten sich unsere Wege.

Cindy innerlich loszuwerden gelang mir nicht. Sie saß in jedem Auto, das so aussah wie jenes, das sie fuhr. Jede Frau mit langen, rotbraunen Haaren war aus der Ferne betrachtet meine verflossene Liebe.

Das Leben ging am Rande weiter. Wenn ich frühmorgens am Frühstückstisch saß, um mich für die Taxischicht zu stärken, kam Geli von der Nachtschicht: »Moin, Udo, musst du heute wieder los?«

»Ja, leider, nützt ja nix.«

Jetzt hatte ich doch Andys doofen Spruch auch schon angenommen.

Wenn Geli von der Schicht kam, wirkte sie völlig normal. Eine halbe Stunde später, wenn ich mich anzog und sie die Treppe herabkam, bot sie ein komplett anderes Bild. Sie wankte leicht und lallte ein wenig. Ich glaube, sie soff oder nahm Pillen oder zog sich beides rein. Geli war einsam, aber sie war überhaupt nicht mein Typ. Sie hatte zwar auch ihre Affären, aber entweder war der Richtige bisher nicht dabei gewesen oder ihr Trinken schreckte die Burschen ab. Ich musste sie eines Tages in die Abtreibungsklinik begleiten. Warum der Verursacher nicht da war, wusste ich nicht. Vielleicht hatte sie ihn nicht unterrichtet. Das war für mich das zweite Mal, dass ich in so einen Laden musste. Ich war schon mit Cindy da gewesen, das drang mir jetzt wieder ins Bewusstsein. Ich fühlte mich richtig schlecht, wollte Geli aber nicht im Stich lassen.

Sie war danach auch nicht mehr dieselbe und soff noch viel mehr. Man merkte immer, dass sie den Höchstpegel des Abends erreicht hatte, wenn sie anfing, sich verbal im Kreis zu drehen. Dann sagte sie: »Du bist der Udo und ich bin die Geli.«

»Ja, Geli, was is'?«

»Du bist der Udo und ich bin die Geli.«

So ging es dann weiter, bis sie ins Bett wankte.

Im ›Café Bohne‹ hatte ich Sabine kennengelernt. Sabine strahlte Liebe, Verlässlichkeit und Mütterlichkeit aus. Sie war auch solo unterwegs. Wir trösteten uns gegenseitig. Ich briet für sie die schönsten Enten, wir schlemmten, gingen ins Kino und auch ins Bett, aber wir waren nicht füreinander geschaffen. Nach einer angenehmen Zeit sagten wir uns ohne Streit wieder Adieu.

Richie war mit Hannes nach Hamburg gezogen. Nachdem Richie von Sybille getrennt war, die die Angewohnheit hatte, in Streitsituationen manchmal handgreiflich zu werden, was bei ihm böse Verletzungen hinterlassen hatte, war er mit einer Polin zusammen. Sie betätigte sich in irgendeiner Form künstlerisch. Als ich ihn einmal in Hamburg besuchte, erzählte Richie mir, dass Elzbieta immer so depressiv drauf sei.

»Sei froh, dass du überhaupt jemanden hast. Ich hock allein zu Hause herum. Das ist auch nicht der Hit.«

»Ja, ist auch Scheiße.«

Wir gingen zum Griechen, aßen etwas und ertränkten unseren Kummer in Pils und Ouzo.

Mit unserer neuen Band fuhren wir zur Testphase ins ›Bierdorf‹. Die Musik kam weder besser noch schlechter an als sonst und um Mitternacht stieß wieder Jean aus den USA zu uns. Danach gab es nach alter Sitte wieder Nudeln im ›Zwick‹.

Als wieder eine Bandprobe anstand, war Richie wie ausgewechselt. Blendend gelaunt und locker wie sonst. Der Grund stand neben ihm. Es war Jean! Hatte sich der Schwerenöter doch klammheimlich die attraktive Amerikanerin geangelt.

»Hallo Boys«, sagte sie charmant.

»Jean kann ja mal 'ne Nummer mitsingen.«

»Klar, super, einfach mal einsteigen.«

Als ich dann ihre Stimme hörte, bekam ich eine Gänsehaut. Richie hatte ein Goldstück im Schlepptau. Als sich Jean dann später noch bei Andy ans Klavier setzte und eine Solonummer sang, wusste ich, dass hier etwas Besonderes stattfand. Jean erzählte uns, dass sie schon als Kind Geigen- und Klavierunterricht erhalten habe. Dadurch hatte sie ein solides musikalisches Fundament erworben und das konnte man hören.

»Ich kenne eine ganz junge Sängerin aus Harburg, die bestimmt Lust hätte, bei uns mitzumachen, denn sie vegetiert auch in einer Tanzmusikband vor sich hin und würde bestimmt gern Soul- und Rockmusik machen«, sagte Steffen.

»Dadurch würden sich unsere Möglichkeiten ganz schön erweitern«, bemerkte Tommy, unser Schlagwerker.

Nur Andy guckte scheel. Wahrscheinlich dachte er schon wieder an Gagenverlust.

Swantje aus Harburg war sofort dabei, wir brauchten sie nicht lang zu bitten. Das Mädel war achtzehn Jahre jung und sang wie eine Schwarze.

»Klingt ein bisschen gekünstelt«, meinte Andy nach dem Proben.

»Das wird schon, sie ist ja noch blutjung«, antwortete Steffen.

Steffen war immer positiv. Er war einer, der einen immer wieder aufbaute und dem man es abkaufen konnte, dass alles möglich war.

Bis auf Andy waren wir alle begeistert. Wenn wir drei, Jean, Swantje und ich, zusammen sangen, stand ein fettes Brett in der Luft. Es klang fantastisch. Jetzt konnten wir auch Soul- und Funknummern einüben.

Jean, Tommy und Steffen komponierten einige Songs und ich schrieb Texte. Steffen hatte ein Tascam-4-Spurgerät zum Aufnehmen. Wir produzierten mit diesen sehr einfachen Mitteln eine Demokassette, die man durchaus anbieten konnte.

Steffen war ein Multitalent. Er ließ den ›Frettless‹-Bass summen, spielte Schlagzeug und konnte auch noch als Gitarrist überzeugen. Und er konnte den ganzen Kram aufnehmen.

Vorerst traten wir noch ohne die Mädels auf. Wir hatten noch nicht genug Material zusammen.

Man hatte uns für das Stadtfest in Buxtehude engagiert. Andy verhielt sich in letzter Zeit immer seltsamer. Richie und ich hatten wegen der Tanzmusikband mit Andy Differenzen. Wir verdächtigten ihn, dass er uns beim Abrechnen vielleicht übervorteilte.

»Das kann ich mir aber nicht vorstellen«, sagte ich zu Richie.

»Ich eigentlich auch nicht.«

Weil ich es wahrscheinlich verdrängt habe, kann ich mich nicht mehr daran erinnern, wie Andy es angestellt hatte, uns aus der Tanzmusikkapelle hinauszuintrigieren.

»Wir haben mitgesät und jetzt will Andy allein ernten«, bemerkte Richie.

»Ja, da hast du recht. Vielleicht hat Andy das auch so hingedreht, weil er sich bei uns nicht als Chef aufspielen kann.«

»Na klar, aber warum auch immer, er erntet allein.«

Wir waren sauer, hatten aber schließlich die Mucken mit der Hans-Dampf-Band zu absolvieren.

Komischerweise hatte Andy uns beim Stadtfest zwei Jungs vorgestellt, die zufällig auch Musiker waren. Sie kamen aus der Buchholzer Szene. Ganz zufällig waren es: ein Sänger und ein Gitarrist.

Er schaffte es, uns auch hier zu entfernen, was ich zwar auch nicht in Ordnung fand, wenn man sich milde ausdrückt, aber qas nicht so schlimm für mich war, da ich durch Swantje einen Kontakt mit einer anderen Oldie- und Top-40-Band hergestellt hatte. Ich hatte wegen dieser Querelen und der daraus resultierenden schlechten Stimmung sowieso keine Lust mehr, mit Andy Musik zu machen.

Letztlich hat Andy dann auch noch Tommy entfernt, der mit

Fräulein Menke tourte. Denn die »Neue Deutsche Welle« war voll am Rollen und damit hatte er jetzt freie Bahn.

DREIZEHN

48

Griechengehband, Oldieband und Ursula
»Guck dir doch mal diesen Bären an!«

Richie, Steffen und ich gründeten mit Jean und Swantje eine neue Band. Tobias und Heinz aus Harburg machten jetzt mit.

Tobias spielte Keyboard. Er hatte Musik studiert und war technisch sehr gut. Ein eher introvertierter Typ und das Gegenteil einer Rampensau. Er saß manchmal im Parka mit Kapuze am Instrument, sodass ich mich schon fragte, wie der Mensch eigentlich aussah, mit dem ich hier probte. Es guckten zwei Hände, die sich flugs über die Tasten bewegten, aus einem olivfarbenen Kleidersack heraus.

Heinz spielte Schlagzeug und war ein offener, stets gut gelaunter Mensch. Weil die Bandmitglieder außer mir allesamt aus Hamburg kamen, wollte sich niemand auf die lange Reise ins Alte Land begeben. Das bedeutete auf der anderen Seite aber: Proben im Bunker.

Wenn wir uns vor diesem feuchten, ungemütlichen Gebäude trafen, auf unser Equipment blickten und einer von uns ganz vorsichtig feststellte: »Leute, da drüben ist ein Grieche«, mussten die anderen sich nicht lange bitten lassen, wir schlossen unsere Autos ab und gingen essen.

Leider passierte das zu oft und es kümmerte sich auch keiner um Auftrittsmöglichkeiten, damit die Motivation und die notwendige Leidenschaft entfacht würden.

Mit dieser Formation hätten wir Rockgeschichte schreiben können. Das Potenzial dazu war vorhanden.

Wir trafen uns weiterhin zum Proben. Der Grund war, dass wir gern zusammen waren und Spaß hatten – und das nicht zu wenig.

Die anderen Gäste des Restaurants waren immer begeistert,

wenn wir Titel a cappella anboten. Der Wein floss und beim Bezahlen gab es natürlich den berühmten Ouzo aufs Haus. Heinz sagte dann immer, er wolle den Ouzo auf die Hand, statt aufs Haus. Dann hielt er seine Flosse auf, formte eine Mulde und bekam Ouzo in die Hand geschüttet. Das fand der Wirt so lustig, dass Heinz meist drei Dinger davon schluckte. Er war ein echtes Unikum.

Ganz selten verliefen wir uns in Läden, wo Open Session angesagt war. Meist quälten da Dilettanten ihre Instrumente und die Ohren ihres Publikums. Wenn wir dann ganz zwanglos, aus einer Laune heraus, auf die Bühne stiegen, drehten sich die Köpfe der eher desinteressierten Zuhörerschaft erstaunt herum und auf der Stirn der Überraschten schien zu stehen: »Huch, wo kommen die denn her?«

Aus diesem Bandprojekt wurde also nichts und wir machten uns deshalb nie erstnhaft Gedanken über einen Namen.

Mit meiner neuen Coverband wiederum gastierte ich auch oft im ›Bierdorf‹ und in den Kneipen namens ›Klein Kleckersdorf‹. Diese gab es in Hamburg und Lübeck. Hier lag die Betonung auf »klein«. Sie hatten keine Tanzfläche, geschweige denn eine Bühne. Es verkehrte eine andere Klientel als im ›Bierdorf‹. In Hamburg standen wir uns gegenüber, weil die gesamte Band nicht in eine Ecke passte. Unser Drummer, der Hans, musste auf der anderen Seite eines ohnehin schon schmalen Ganges Platz nehmen. Wenn Gäste aus dem vorderen Teil der Kneipe auf die Toilette gingen, mussten sie zwischen den Bandmitgliedern hindurch. Wenn Gäste Zigaretten aus dem Automaten ziehen wollten, musste Hans mit dem Kopf nicken wie der Nickmann in der Kirche, der sich damit immer für eine Spende bedankte, sonst wären die Süchtigen nicht an ihre Glimmstängel gekommen. Thorsten, der Gitarrist, hatte schon die Tipptechnik des Eddie Van Halen drauf. Dadurch klangen die Soli schneller als der Schall, was das Publikum immer wieder verwunderte. Genau wie sein berühmtes Vorbild, war Thorsten ein ›Charvel‹-Gitarren-Fetischist. Er nannte drei Exemplare sein Eigen. Die Frauen flogen auf ihn, obgleich er eine recht rustikale Ausdrucksweise hatte. Oder vielleicht gerade deshalb.

Wir pausierten gerade, die gesamte Kapelle stand am Tresen und Thorsten war mit einem Mädel ins Gespräch gekommen. Plötzlich fragte er die Dame vor versammelter Mannschaft: »Sach ma, nimmst du ihn auch in' Mund?«

»Komm doch nachher mit! Dann zeich ich dir das!«, antwortete sie, statt konsterniert zu gucken.

Nach der Mucke verschwand sie mit Thorsten. Trotz dieser Beobachtung konnte ich solche Methoden nicht anwenden. Das war nicht meine Art.

Hans zog häufig gemeinsam mit Thorsten ab. Dabei hatten sie immer Girls im Schlepptau. Hans war verheiratet, schien aber kein schlechtes Gewissen zu haben. Wir vermuteten, dass er aus strategischen Gründen geheiratet hatte, weil sein Schwiegervater ein Geschäft hatte, in dem er arbeitete. Seine Frau war, milde ausgedrückt, keine Schönheit.

Hans erzählte von einer Party, bei der Thorsten und er es nebeneinander trieben. Während des Aktes tauschten sie sich über ihre Mitbringsel aus. Es fielen Bemerkungen wie beispielsweise: »Ey, Hans, guck dir doch mal diesen Bären an.«

Bei dieser Bemerkung soll Thorsten auf das primäre Geschlechtsmerkmal seiner Bettgenossin gedeutet haben.

Ich stellte mir bei solchen Geschichten immer vor, wie ich reagieren würde, wenn ich es neben einem meiner Muckerkollegen mit einem Mädel treiben würde. Ich glaube, wenn ich meinen Mitstreiter bei der Abarbeitung auf seiner Eroberung beobachtet hätte, wäre ich in brüllendes Gelächter ausgebrochen. Dieses Lachen wäre meinem Stehvermögen sicher nicht zuträglich gewesen.

Christian spielte Bass und arbeitete bei der Hamburg-Mafia, wie wir eine Versicherung genannt, im Innendienst. Er war mit einer kleinen, zarten, hübschen Schwarzhaarigen zusammen.

Unser Keyboarder war Fritzie. Er studierte Biologie und hatte zwar eine Freundin, aber seine wahre Liebe gehörte dem Alkohol. Wir wunderten uns immer wieder, wie seine Finger in komatösen Zuständen noch die richtigen Tasten betätigen konnten.

Wir spielten gerade das dritte Set und ich sang ›Maniac‹ von Michael Sembello, diese unglaublich dynamische Popnummer, Soundtrack im Film ›Flashdance‹, als sich mir eine große, blonde Frau mit außergewöhnlich vollen, langen Haaren näherte und einen Bierdeckel auf meinen Notenständer legte. Auf diesem Deckel stand mit Lippenstift in roten Lettern:

Ich finde Dich gut. Ruf mich doch mal an.

Darunter eine Hamburger Telefonnummer.

Allein, dass die Pappe mit Lippenstift beschrieben war, hatte Stil.

Am übernächsten Nachmittag, ich dachte, ein bisschen zappeln lassen erhöht die Spannung, rief ich die Nummer an, stellte mich vor und die Frau am Apparat sagte: »Du möchtest sicher Ursula sprechen. Ich bin ihre Freundin. Ursula hat vorübergehend bei mir gewohnt, ist jetzt aber wieder in ihrer alten Wohnung zu erreichen.«

Mit diesen Worten gab sie mir eine Telefonnummer, deren Vorwahl mir bekannt vorkam. Ich wählte sie.

»Ja, hallo? Hier ist Ursula am Apparat.«

»Hallo«, sagte ich und tunte meine Stimme ein bisschen nach unten, »du hast mir den Bierdeckel auf den Notenständer gelegt.«

»Ich hab dich gleich an deiner Stimme erkannt – ich finde, du hast eine tolle Stimme«, schmierte sie mir Honig um den Bart.

»Das mit dem Lippenstift auf dem Bierdeckel war eine super Idee von dir«, schmierte ich zurück. »Ich dachte, du kommst aus Hamburg? Deine eigentliche Vorwahl kommt mir bekannt vor. Wo wohnst du?«

»In Harsefeld. Wieso kennst du die Vorwahl?«

»Weil ich in Hinterbrack im Alten Land wohne.«

»Das ist ja ein Ding, ich dachte, du wohnst in Hamburg.«

»Das dachte ich von dir auch. Das ist ja lustig. Hamburg – Hinterbrack – Harsefeld ... das kann kein Zufall sein. Wollen wir uns mal treffen?«

»Na klar, hast du heute Abend Zeit?«, fragte sie.

Ich dachte, die fackelt aber nicht lange.

»Ja, habe ich. Wo wollen wir uns denn treffen?«

»Wir können uns ja auf halbem Wege in Horneburg treffen. Ich kenne dort ein griechisches Lokal. Da könnten wir essen gehen, wenn du Lust hast.«

»Klar, Essen ist meine Lieblingsspeise.«

»So siehst du aber gar nicht aus, du bist doch schlank«, säuselte sie.

»Wird alles sofort verbrannt, sagen wir um zwanzig Uhr?«

»Ja gut, das Lokal ist in der Innenstadt.«

»Werde ich schon finden, Horneburg ist ja keine Großstadt.«

»Bis dann!«

»So long.«

Das schöne Gefühl aufregender Erwartung machte sich in meinem Magen breit. Herrlich.

Hamburg, Hinterbrack, Harsefeld, Horneburg, unfassbar, dachte ich und ging im Geiste die Ortsnamen der Gegend durch: Apensen, Ottensen, Ohrensen, Ahlerstedt, Jork, Borstel, Cranz, Buxtehude, Stade, Neukloster, Dollern. Das ist mystisch. Zugegeben, Hemmoor ist, wenn man trotzdem lacht.

Aus der Ferne sah ich so einen albernen Brunnen mit regionalem Motiv. Auf dem Brunnenrand saß eine Chefsekretärin. Elegant mit einem engen Rock bekleidet. Als ich näher kam, stellte ich fest, dass es Ursula war. Die Staatssekretärin und der Hippie, Udo, wenn die man nicht eine Nummer zu groß für dich ist.

»Hallo, wollen wir reingehen? Ich habe einen Bärenhunger.«, sagte ich.

»Ja gut, es sind nur noch ein paar Schritte. Ich habe hier draußen auf dich gewartet, damit du es leichter findest.«

Der Idiot in mir wurde noch rechtzeitig gestoppt, denn der wollte gerade sagen: »Ich hab dich gar nicht erkannt.«

Wir setzten uns in eine lauschige Ecke und bestellten. Dazu hielten wir uns an Bier und Ursula stand mir in puncto Taktzahl in nichts nach. Ich beobachtete, dass sie nicht viel aß. Sie erzählte mir, dass sie aus Aachen stamme und dass sie wegen der Arbeit in Hamburg hängengeblieben sei.

Ich fragte mich, was und ob überhaupt etwas aus dieser Geschichte werden würde.

Der Grieche schloss früh seine Pforten, denn wir befanden uns in der Provinz. Hier tickten die Uhren anders und die Bürgersteige wurden recht früh hochgeklappt. Ursula sagte, dass sie eine Kneipe kenne, die noch länger geöffnet habe. Der Laden lag direkt an der B 73 und machte einen ganz gemütlichen Eindruck. Hier nahmen wir noch einige Biere und zu vorgerückter Stunde sagte Ursula zu mir: »Zu Hause hab ich auch noch Bier. Wollen wir bei mir noch was trinken?«

»Warum nicht, was soll man sonst mit so einem angebrochenen Abend machen?«

Ursula hatte eine kleine, aber feine Wohnung mit Kamin. Ich fragte, ob ich den Kamin anmachen könnte und sie bejahte dies.

»Ich geh mir in der Zwischenzeit etwas Bequemes anziehen«, sprach ’s und entschwand.

Der Schlot hatte einen guten Zug, da es draußen kalt war.

Als Ursula wieder hereinkam, zwei kühle Pils in der Hand, trug sie einen kimonoartigen Hausmantel. Das Feuer begann langsam größer zu werden und auch in meiner Lendengegend wurde etwas größer. Die Biere waren noch nicht ausgetrunken, als ich sie auf dem Sofa nahm, den Kimono noch oben geschlossen und von unten hochgerafft. Dann setzte sie sich auf mich, während ich auf dem Boden lag, und öffnete den Hausmantel. Ab da war ich im siebten Himmel. Über mir läuteten die Glocken des Kölner Domes. Ich hatte noch nie so tolle, große, schwere Brüste live gesehen. Sie wogten im Takt unserer Bewegungen und befanden sich an einem sehr schlanken, aber weiblichen Körper mit einem breiten Becken und einer Wespentaille. Ich versank in dieser Weiblichkeit. Nachdem unsere Lust ganz langsam abgeklungen war, gingen wir ins Schlafzimmer und Morpheus' Arme umschlangen uns.

Am nächsten Morgen erfuhr ich von ihrer kleinen Tochter. Diese wäre gerade bei Oma und der Vater wäre Produzent einer bekannten deutschen Countryband. Sein Studio befände sich am Rand von Hamburg. Ursula war stocksauer auf den Burschen, denn er habe sich mit einer neunzehnjährigen amerikanischen Sängerin eingelassen und sie sitzen lassen.

»Willst du nicht mitkommen, wenn ich Anja abhole? Wir wollen ein bisschen shoppen gehen. Du hast doch gesagt, du bist ein guter Hobbykoch. Wir können auch etwas zu Essen einkaufen und du bekochst uns.«

Noch völlig unter den Eindrücken der letzten Nacht gab ich mein Okay, fuhr nach Hause und wechselte die Kleidung, um Ursula abzuholen. Ich hätte zu allem Ja gesagt.

Dann fuhren wir zur Mutter von Anjas Vater, einer betuchten Unternehmergattin aus dem Landkreis. Anja war ein süßer, kleiner Engel. Blonde Löckchen umrahmten das Gesicht eines vierjährigen Kindes mit großen, hübschen Augen. Sie fremdelte nur wenig und wir verstanden uns gleich ganz gut. Ich malte mir aus, wie es wäre, von null auf hundert eine Familie zu haben. Der Gedanke stellte für mich kein weiteres Problem dar.

Diese intakte Welt und die schnuckelige Wohnung zogen

mich an. Ich wollte endlich einmal ausruhen und einen Haushalt erleben, der seinen Namen verdient. Meine bürgerliche Seite meldete Nachholbedarf an.

Robert war in einer Nacht- und Nebelaktion ausgezogen und ich hatte jetzt die ganze Etage an der Backe. Wahrscheinlich hatte ich mich doch zu oft über seinen Kaffeekonsum und die damit verbundenen Haushaltsbudgetlöcher beschwert. Der Sack hätte mir vorher ruhig mal was sagen können. Alles war verlottert und erinnerte mich obendrein an bessere Zeiten mit Cindy. Hier hielt mich nichts mehr.

Ich kochte am Abend Coq au Vin und Ursula beglückte mich mit ihrer geballten Weiblichkeit.

Sie betüdelte mich von vorn bis hinten, ich konnte duschen wann und so viel ich wollte, ich durfte im Bett bleiben, während es draußen stürmte und regnete, um Stefan Zweig zu lesen, und wenn Anja bei der Nachbarstochter spielte, fickten wir uns kreuz und quer durch die Wohnung. Ab und zu fuhr ich Taxi oder machte Mucke. Ursula arbeitete halbtags in einem Büro in Stade.

So verstrich einige Zeit ziemlich unbeschwert.

Ich musste für Ursula einen Behördengang erledigen, weil sie vormittags keine Zeit hatte. Dabei fiel mir auf, dass sie mich mit ihrem Alter beschwindelt hatte. Sie hatte sich älter ausgegeben, als sie war. Seltsam, andere Frauen machten sich jünger und sie gab sich älter aus. Da konnte ich mir nicht so richtig einen Reim darauf machen.

Dann kriegte ich mit, dass sie Angst hatte, älter auszusehen, als sie war. Das wäre ihr peinlich gewesen. Sie konnte sich nicht vorstellen, wie egal mir das war und dass sie diverse Männer hätte haben können. Ihr Vater lebte auf Mallorca und Ursula hatte schon länger geplant, mit Anja hinzufliegen.

Allein in der Wohnung überdachte ich die Lage. Ich war mit einer tollen Frau zusammen, die eine süße Tochter hatte. Ich befand mich aber vor dem Beginn meines Studiums. Vielleicht würde ich ja mit dem BAföG-Geld, das elternunabhängig gewährt wurde, wenn die Alten schon Rentner waren, mit dem Taxifahren und der Mucke finanziell über die Runden kommen.

Als Ursula zurück war, machte sie mir den Vorschlag, unsere Wohnungen aufzugeben und ein Haus zur Miete zu suchen. Ich bat mir Bedenkzeit aus.

Das Taxifahren hat viel mit Warten zu tun. Also hatte ich genügend Zeit, um über die Sache nachzudenken. Die letzten Jahre meines Lebens waren ein einziges Auf und Ab gewesen. Ich hatte die Nachricht bekommen, dass ich zum nächsten Semester das Studium aufnehmen könnte. Wenn ich jetzt obendrein eine Familie hätte? Ich dachte, dass sie mich einerseits vielleicht erden würde, fühlte mich aber andererseits noch zu jung für eine Familie, obwohl ich schon 31 Jahre alt war. Da hatten andere Leute schon ein bis zwei Kinder. Wie sollte ich das finanziell hinkriegen?

Die Abwägung zwischen allein in Hinterbrack zu hocken oder neue Erfahrungen mit einer Familie zu machen, war letztlich doch nicht so schwer. Der Steuermann zwischen meinen Beinen hatte sich sowieso schon lange entschieden und lag mir ständig in den Ohren: »Denk doch mal an ihre Figur! Was hast du da für eine Granate von Frau erwischt! Besser kann es dir doch gar nicht gehen!«

Der Bursche hatte das Ruder in der Hand und würde es wohl auch nicht so schnell wieder loslassen.

Wir fanden ein Haus in Neu Eckel in der Nähe von Buchholz. Es lag landschaftlich sehr schön am Waldrand. Nicht weit entfernt weideten Pferde auf saftigen Wiesen und die Luft duftete nach Tannennadeln. Hier würde ein Kind in einer behüteten und schönen Umwelt aufwachsen können. Der Bahnhof war zwar drei Kilometer weit entfernt, aber ich hatte ja noch den Renault. Insgesamt war die Entfernung nach Hamburg ungefähr die gleiche wie von Hinterbrack in die City. In Hinterbrack gab es aber weit und breit keinen Bahnhof und mit Andy hatte ich mich überworfen. Also hielt mich in der Gegend nichts mehr außer den »Königreichern«, aber dort waren ja Cindy und Eddie. Also ab in eine andere Gegend, dachte ich.

Ich riss mich zusammen und renovierte das Haus vom Dach bis zum Keller. Andy hätte wieder den passenden Spruch dafür gehabt: »Sehn Sie, es geht doch, Herr Prank!«

Ein bisschen unwohl fühlte ich mich in der Gegend dennoch. Das lag an den Menschen, die um uns herum wohnten. Unser Nachbar war ein mittleres Tier bei Beiersdorf und fuhr standesgemäß BMW. Ich fuhr standesgemäß einen knallroten R4 mit Anti-AKW-Aufkleber. Das passte doch vorn und hinten nicht.

»Was soll 's, lebe dein Leben und kümmer dich nicht darum.«

Der Vermieter wohnte zwei Häuser weiter und hatte ein Elektrogeschäft. Ich bin davon überzeugt, wenn Ursula nicht so attraktiv gewesen wäre, mit einer Durchschnittsfrau im Schlepptau, hätte er mir das Haus nicht vermietet. Das sah ich seinen Blicken an, wenn Ursula an seinem Haus vorbei ging und er im Garten wurschtelte.

Mein Schreibtisch stand im Wohnzimmer und ich schaute durch ein großes Fenster in den Garten, in dem Tannen auf einer Rasenfläche standen. Wir hatten die Hütte wirklich gut hingekriegt. Bei uns sah es aus wie in einer heilen, kleinen Welt im Film. Alles war vorhanden. Wohnzimmer, Schlafzimmer, Esszimmer mit Blick auf die Terrasse, Kinderzimmer und im Souterrain sogar noch ein Gästezimmer. Im Wohnzimmer stand das antike Büfett, das ich hatte reparieren lassen.

Ursula bekam zwei Kilometer weiter einen Büro-Job und ich begann zu studieren.

49

Beginn des Studiums
Karl Marx gegen Ephraim Kishon

An der HWP konnte man zwischen drei Hauptfächern wählen. Das waren Betriebswirtschaft, Volkswirtschaft und Soziologie. Auf jeden Fall musste man eines der drei Fächer gemeinsam mit Rechtswissenschaft belegen.

Weil die Studenten mit verschiedenen Vorkenntnissen an die Hochschule kamen, wurden im ersten Semester sogenannte Propädeutika absolviert. Damit versuchte man, die Leute auf ungefähr den gleichen Stand zu bringen und auf das Studium vorzubereiten.

In diesen Lehrveranstaltungen passierten mir unerwartete und erfreuliche Dinge. Hier durchschaute ich sogar mathematische Themen, zum Beispiel die Kurvendiskussion. Bis jetzt hatte ich nur Kurven anderer Art begriffen. Der Grund für das Verstehen der logischen Zusammenhänge war unser Dozent, Herr Hansen. Da stand ein Mensch an der Tafel, dem es wichtig war, dass die Studenten das verinnerlichten, was er lehrte. Der hatte wirklich Interesse an uns! Das war ein ganz neues Erlebnis. Das Verstehen von Themen, die mir sonst fernlagen, beflügelte meine Lernlust enorm.

Da ich nicht auf eine bestimmte Berufslaufbahn fixiert war, suchte ich mir aus Interesse die Soziologie als Hauptfach aus. Ich konnte mir außerdem keineswegs vorstellen, in einer Firma als »Rechenknecht«, wie ich einen Controller nannte, oder als Volkswirt zu vertrocknen. Nein, ich wollte wissen, wie Gesellschaft funktioniert. Vielleicht auch, warum sich viele Mitbürger so bescheuert verhielten. Möglicherweise waren sie nicht allein schuld an ihrer Dusseligkeit.

Ich stürzte mich auf den Stoff und las, was ich in die Finger bekommen konnte. Wenn ich von Vorlesungen heimkam, bombardierte ich Ursula mit Inhalten, die ihr völlig fremd waren und für die sie keine Kapazität frei hatte. Sie arbeitete zwar nur halbtags, hatte aber auch noch ein Kind zu versorgen und ein Haus in Schuss zu halten. Auch wenn ich das Einkaufen und das Kochen übernahm, war da noch genug für sie zu tun. Sie nahm die Hausfrauenrolle sehr ernst. Alles war geordnet, die Wäsche lag gebügelt im Schrank. Wenn ich Ursula durch einen geringeren Verbrauch von Wäsche entlasten wollte, bestand sie darauf, dass ich jeden Tag ein frisches Handtuch benutzte.

Wir lebten in komplett verschiedenen Welten. Ursula im Büro und im Haus mit der bürgerlichen Umwelt und ich an einer linksliberalen Hochschule, an der sich nicht wenige Menschen trafen, die diese bürgerliche Welt so nicht akzeptieren wollten und ihr den Rücken gekehrt hatten.

Es waren viele Kommilitoninnen an der HWP, die nach der Kindererziehungsphase und der Scheidung das durchziehen wollten, was ihnen schon immer vorgeschwebt hatte. Sie wollten so leben, wie ich bis jetzt gelebt hatte. Selbstbestimmt und frei im Denken und Handeln. Ich hingegen bewegte mich jetzt in die Richtung der Bürgerlichkeit, weil ich schon sehr früh ausgeflippt gewesen war und das andere Leben nicht kannte. Das gab einen ständigen Reibungsprozess. Karl Marx gegen Ephraim Kishon, überspitzt gesagt. Und ich befand mich in beiden Welten.

Zu Hause merkte ich immer mehr, dass Ursula sich nur in der bürgerlichen Welt wohlfühlte. Sie erwartete im Grunde genommen einen Versorger, der mit ihr Kinder zeugte und genauso zur Fron stiefelte wie der Beiersdorf-Nachbar.

Manchmal saß ich im Esszimmer, starrte in den Garten und dachte, weit dort draußen, in der großen Stadt, pulsierte das Leben – und das ohne mich. Ich bekam das Gefühl, etwas zu verpassen. Hatte ich mich nicht schon jahrelang zurückgezogen? Nippte ich jetzt lediglich an einer Schale voller Erkenntnis, die ich eigentlich ganz austrinken wollte? Fuhr ich nicht nach Hause in die Provinz, während die Kommilitonen in die Kneipen gingen und den Tag reflektierten? Vielleicht Dinge entwickelten, wie man etwas verändern konnte?

»Und du sitzt hier und wirst nicht verstanden!«

Ein neues Haus musste jedenfalls eingeweiht werden. Wir hatten einige Leute eingeladen und erwarteten die Gäste. Weil Ursula nur wenig Menschen in der Gegend kannte, waren die meisten Gäste aus meiner Bekanntschaft.

Bevor ich Ursula über den Weg gelaufen war, hatte ich eine kurze Affäre mit einer Frau aus Buxtehude gehabt. Sie war Lehrerin und lebte in einer WG mit einem Filmemacher und einem Englischlehrer und seiner ausgesprochen attraktiven Freundin. Der Englischlehrer Peter arbeitete aber in Norwegen als Handelsvertreter. Er war einer der humorvollsten Menschen, denen ich jemals begegnet bin. Als ich ihn mit Heino Jaegers Sketchen bekannt gemacht hatte, war er vor Begeisterung fast durchgedreht. Wenn wir uns trafen, wurde so viel »gejaegert«, dass die Umwelt nach anfänglichem Lachen völlig genervt war, denn wir fanden kein Ende. Er war noch neurotischer als ich.

Ihn und seine Freundin Iris hatte ich auch eingeladen. Weil Peter gerade wieder in Norwegen war, rief Iris mich an, um zu fragen, ob sie mit ihrer Freundin Britta kommen dürfe.

»Na, aber selbstverständlich«, sagte ich und dachte dabei, zu hübschen Frauen musste man immer Kontakt halten.

Die Party endete damit, dass die Freundin meines früheren WG-Genossen Paul ihrem Liebsten eine von Anjas massiven Holzeisenbahnen an den Kopf schleuderte, weil sie meinte, er hätte Ursula angebaggert. Sie hatte die beiden im Gästezimmer beim Knutschen erwischt. Außerdem spielte Ami, ein Jugendlicher, den die Königreicher im Rahmen ihrer Tätigkeit als Erzieher betreuten und den sie in ihre WG aufgenommen hatten, die ganze Nacht E-Gitarre und sang improvisierte Blues-Texte dazu. Wir und einige Nachtgäste wollten schlafen und Ami heulte den Mond an.

Obwohl mir das Erlebnis mit dem Knutschen von Ursula und Paul quer saß und ich dadurch missgelaunt war, hätte ich aufgrund von Amis schwerer Kindheit in Bezug auf den nächtlichen Lärm ein Auge zugedrückt.

Als ich aber sah, dass er eine frisch gestrichene Wand im Wohnzimmer mit seinen Blues-Texten beschriftet hatte, rastete ich aus: »Wenn du nicht sofort verschwindest, prügel ich dich windelweich.«

Er sah, dass es mir ernst war, und verpisste sich fluchtartig.

Auf Paul und Ursula, die mir versicherten, schuld wäre der Alkohol gewesen, war ich erst einmal sauer. Iris und Britta waren nicht lange geblieben, aber zumindest da gewesen.

Im Großen und Ganzen wollte ich diese Party schnell vergessen, denn ich musste auch meinen Receiver noch reparieren lassen, weil er zu heiß geworden war, obwohl die Musik nur moderat laut war. Wir waren so voll gewesen, dass wir nicht bemerkt hatten, dass die ganze Nacht der Mute-Schalter gedrückt gewesen war, und hatten versucht, den Verstärker mit Eiswürfeln in Plastiktüten zu kühlen, weil er durch den Dreh bis zum Anschlag zu heiß geworden war.

Und last but not least warf die junge, hübsche Freundin von Ursula meinem Kumpel Martin vor, sie vergewaltigt zu haben.

Das Haus schien unter keinem günstigen Stern zu stehen. Dies könnte man zumindest aus der Einweihungsparty schließen.

50

Fasten
»Pospischil: Einlauf! Podgorny: Einlauf! Sedlatschek: Einlauf!«

Auf einem Campus gibt es viele Frauen. Viele Frauen machen die meisten Männer noch eitler, als sie eh schon sind. Glücklicherweise war mir meine Freundin Agnes Brutalis mehr oder weniger untreu geworden. Eine Frau, der ich nicht nachtrauerte!

Als ich morgens vor dem Spiegel stand, bemerkte ich eine leichte Verdickung über dem Bund der Jeans. Das gefiel mir nicht. Ich stieg auf die Waage und registrierte, dass sie achtundsiebzig Kilo anzeigte. Sonst bewegte ich mich bis dato um die fünfundsiebzig Kilo.

Swantje, die schon immer mit ein bisschen Übergewicht zu kämpfen hatte, erzählte mir, man könne fasten. Das hätte sie auch schon einmal gemacht.

»Aber Ursula ist doch ganz schlank, die braucht doch nicht zu fasten«, wunderte sie sich.

»Ich habe dich ja auch nicht wegen Ursula gefragt, sondern meinetwegen.«

Swantje lachte.

»Einen Meter und dreiundachtzig und ein Gewicht von, du sagtest achtundsiebzig Kilo?«

»Ja.«

»Und deshalb willst du fasten?«

»Ja, ich habe eine Hautfalte gesehen.«

»Soll ich dir mal eine Hautfalte zeigen?«, fragte sie und griff sich an die Hüften.

Ich liebte ihre direkte Art.

»Frauen haben mehr Fettgewebe als Männer und außerdem

sind die Models doch alle viel zu dünn. An einer Frau muss was dran sein.«

»Ich kann darauf verzichten«, sagte Swantje.

Sie gab mir ein Buch, auf dessen Cover jemand ganz schlank aus einer viel zu großen Hose sprang.

»Du musst genau nach dem Buch vorgehen, sonst kann es dir eventuell schlecht bekommen. Besonders beim ersten Mal.«

»Ja, ja, mach ich. Danke, Tschüssikowski, Swantje.«

»Tschüs und viel Spaß.«

Ich begann zu lesen. Die eigentlichen Gründe des Fastens, nämlich Entgiftung und Entschlackung des Körpers, waren für mich nur ein angenehmer Nebeneffekt. Ich wollte abnehmen. Mir wurde klar, dass es wichtig war, sich an den beschriebenen Fahrplan zu halten.

Die vorgeschalteten Entlastungstage fielen mir leicht, da ich ohnehin ein Salatfreak war. Was mir nicht behagte, waren die Einläufe, die man sich verabreichen musste, um keine Giftstoffe im Körper zu behalten. Der komplette Wegfall von fester Nahrung stellt die Darmtätigkeit ein. Etwas Kot bleibt im Darm und der muss raus. Glaubersalz wollte ich dafür nicht schlucken.

Der erste Tag war hart. Mir wurde bewusst, dass man normalerweise viel Zeit mit der Beschaffung von Lebensmitteln, ihrer Verarbeitung und auch mit dem Essen an sich verbringt. Ich hatte plötzlich jede Menge Zeit. Auf Zigaretten zu verzichten fiel mir leichter, als ich dachte. Gifte wie Alkohol und Nikotin schienen einander zu unterstützen, ließ man das eine sein, brauchte man das andere auch nicht. Ich fühlte mich wie ein Mönch.

Der zweite Tag brachte Kopfschmerzen. Dagegen sollten die Einläufe ebenfalls helfen, hieß es in dem Schmöker. Das konnte ich mir nicht vorstellen.

Ich erinnerte mich an eine Szene in einem uralten Spielfilm über das Militär zur Zeit Österreich-Ungarns. Der Stabsarzt fragte jeden Soldaten nach seinen Beschwerden.

»Was fehlt uns denn, Pospischil?«

»Magenschmerzen, Herr Doktor.«

»Einlauf! – Podgorny? «

»Kopfschmerzen, Herr Doktor.«

»Einlauf! – Und Ihnen, Sedlatschek? «

»Durchfall, Herr Doktor.«

»Einlauf!«

Der Stabsarzt verfuhr so, weil er glaubte, Simulanten vor sich zu haben.

Aber ob ein Einlauf bei Kopfschmerzen wirklich wirkte, davon war ich nicht überzeugt. Was soll 's, ich musste sowieso entgiften.

Ich brachte mich in die Seitenlage und schob mir den, in der Apotheke erworbenen, Einwegeinlauf der Marke ›Mikroklist‹ hinein. Oha, so »mikro« war er gar nicht. Das Schlimmste sollte aber folgen. Man musste sich zwanzig Minuten, im wahrsten Sinne des Wortes, zusammenreißen. Jeder, der das kennt, weiß, dass die Lage dann brenzlig wird.

Eine Stunde später waren die Kopfschmerzen weg. Ich hatte etwas im Selbstversuch gelernt.

Am dritten Tag ohne Nahrung fühlte ich mich wie Sri Aurobindo und wunderte mich darüber, dass Menschen überhaupt essen mussten. Am nächsten Tag wurde ich keck und kochte für Anja etwas zum Mittagessen. Es machte mir nichts aus, mit Nahrung zu hantieren. Gemüse und Obst rochen tausendmal stärker als sonst.

Ich war frei. Ich war nicht mehr abhängig. Nicht von Zigaretten und nicht von Lebensmitteln. Dies war ein neues und außergewöhnliches Erlebnis.

In dem Buch stand auch, dass sich bei manchen Menschen geistige Klarheit während des Fastens einstelle. Ich setzte mich hin und blickte kontemplativ in den Garten. Ich wartete auf Erleuchtung. Nichts passierte.

Jeden Tag nahm ich ab und war geradezu beflügelt von dem Ergebnis.

Nach sechs Tagen ohne Nahrung war Fastenbrechen angesagt. Das geschah mittels eines wunderschönen, saftigen Apfels der Marke ›Granny Smith‹. Zuerst sah ich ihn eingehend an. Dieses Grün, es war grüner als das grünste Grün Irlands. Dann beschnupperte ich den Apfel. Ich öffnete die Nüstern wie Mister Ed und atmete den frischen Duft ein. Mmmh, wie das roch. Wie Ambrosia, die reine Götternahrung.

Und dann biss ich hinein und in meinem Mund explodierte eine Geschmacksbombe. Der Saft lief mir über das Kinn.

Wie stumpf werden wir Menschen doch dem gegenüber, was wir ständig zur Verfügung haben. Dies war die wichtigste Erfahrung des Fastens. Ehre die Einfachheit. Die Gurus und Yogis hatten einiges auf dem Kasten.

Drei Tage später ging ich in einen Jeansshop und kaufte mir gleich zwei Hosen in der Größe 28. Ich hatte fünf Kilo abgenommen und war somit auf dreiundsiebzig Kilo runter. Ich fühlte mich wie eine Feder und legte in den nächsten Tagen beim Joggen einen Zahn zu.

51

Erkenntnisse
Der eisige Wind der Aufklärung

In manchen Vorlesungen gingen mir wahre Kronleuchter auf. Vieles, was ich früher erlebt und gelesen hatte, kriegte jetzt Struktur. Ich war immer besser in der Lage, Zusammenhänge herzustellen.

Am Wochenende traf ich mich zu einem Workshop mit Kommilitonen, in dem wir uns mit dem »Historischen Materialismus« auseinandersetzten. Wir befassten uns mit der »Frankfurter Schule«. Besonders das Werk ›Die Dialektik der

Aufklärung‹ öffnete mir die Augen. Die nackte, letztlich auf die Spitze getriebene Aufklärung überließ uns ihrem eisigen, einsamen Hauch. Sie stahl uns die Seele und ließ uns als bloße Funktionen übrig. In dieser Luft erfroren alle Ideologien und Religionen. Das Loch, das dadurch in uns entstand, wurde von einer gnadenlos ökonomisierten und durchrationalisierten Kulturindustrie mit sinnentleertem Schrott gefüllt. Wir stolperten als Konsumfunktionen durch eine undurchschaubare Welt. Die protestantische Ethik stahl uns die Sinnesfreude und bereitete den Boden für fleißige Untertanen, die nicht über die Stränge schlugen. Die Ethik des Calvinismus trieb es auf die Spitze. Derjenige wurde als gottgefällig betrachtet, der sein Kapital reinvestierte, um immer mehr zusammenzuraffen. Er durfte nicht genießen, er durfte nicht prassen. Reich sein war gottgefällig. Der Erfolgreiche war prädestiniert für die Belohnung im Himmelreich. Der Loser war verdammt. Das war ein guter Nährboden für den Kapitalismus.

Ich las Norbert Elias und war fasziniert von seinem Konstrukt des Zivilisationsprozesses. Wie die Europäer in den letzten Jahrhunderten durch den Aufbau von Schamgrenzen immer zivilisierter wurden. Im Mittelpunkt stand hier das Ancien Regime mit der Entwicklung einer Etikette, an der sich die Menschen in immer breiterem Maße orientierten.

Ich befasste mich mit Richard Sennett und seinem Konzept der Tyrannei der Intimität, in dem er beschreibt, wie durch den Verfall des öffentlichen Lebens die Menschen immer mehr vereinsamten. Das passte ganz gut zusammen mit meinen Beobachtungen und Erfahrungen.

Da stand er nun, der Mitbürger. Einsam, nackt, bar jedes wärmenden religiösen Gewandes, ohne jeden schützenden ideologischen Mantel, frierend in der kalten Luft der Aufklärung, ohne die Welt zu begreifen und deshalb ängstlich, nicht wissend, in welche Richtung es ging, eingequetscht in den Pressverband der Etikette, unter dem Erfolgszwang der

Prädestinationslehre, unfähig zu genießen, auf sich selbst zurückgeworfen, narzisstisch, nihilistisch und unbefriedigt. Der totale Konsument. »I Can't Get No Satisfaction«.

Jetzt verstand ich etwas besser, warum die meisten Menschen gar nicht denken wollten. Warum sie sogar Angst vor Erkenntnis hatten. Weil nicht wahr sein konnte, was nicht wahr sein durfte. Weil sie keine Alternative wussten. Weil sie nicht mit dem Gedanken klarkamen, dass sie als bloße Funktion existierten. Die Leute, die das ahnten, wurden krank, fingen an zu trinken, mussten sich ablenken. Wer konnte schon mit innerer Leere ziellos durch die Gegend stolpern. Ja, dachte ich, so in etwa musste es sein.

Und was fing ich damit an? Was sollte ich jetzt tun? Auch trinken? Auch fressen? Auch dem schnöden Mammon hinterherhecheln? Ich beruhigte mich erst einmal mit der Maxime: Erkenntnis ist der erste Weg zur Besserung!

52

Häcklingen
Ein Arsch wie Karl Marx

Das Fatale des Fastens ist, dass man in einer kurzen Kasteiungsphase fast nur Wasser verliert, der Körper obendrein noch in die irrige Annahme einer Hungersnot geführt wird und meine neuen Hosen demzufolge schnell wieder am Bund kniffen. Alles zusammen bekannt als Jojoeffekt. Ich wollte es nicht wahrhaben und zwängte mich trotzdem hinein.

Mit dem neuen Wissen aus dem Studium im Kopf wurde der Abstand zu Ursula immer größer. Sie hielt sich immer öfter bei einer Nachbarin auf, die zwei Kinder hatte und in Ochsenzoll in der Psychiatrie arbeitete. Hier fühlte sie sich verstanden, in dieser praktischen Welt, während ich mich immer mehr in meinen geistigen Elfenbeinturm zurückzog.

Ich kam gerade von einer Vorlesung nach Hause. Da sah ich einen Zettel auf dem Tisch liegen. Er war von der Nachbarin und darauf stand: *Udo, wenn du dies liest, komme bitte sofort in unser Haus. Habe keine Angst, es ist nichts Schlimmes.*

Mein Herz klopfte. Wenn schon jemand so etwas schrieb, musste wohl was vorgefallen sein? Mein erster Gedanke galt Anja. Unfall, ging es mir durch den Kopf. Ich hastete nach drüben zum Nachbarhaus. Die Frau des Hauses nahm mich in Empfang.

»Komm doch rein, Udo.«

»Was ist denn los?« fragte ich unsicher.

»Setz dich erst mal hin. Möchtest du etwas trinken?«

»Nein, was ist los?«, wiederholte ich.

»Ursula hat einen Selbstmordversuch unternommen. Es ist aber nichts passiert. Sie liegt jetzt nebenan und schläft. Der Arzt hat ihr ein Beruhigungsmittel gegeben.«

Schockpause. Ich war still.

Langsam fand ich die Sprache wieder: »Wie, wie hat sie das gemacht?«

»Sie hat sich die Pulsadern aufgeschnitten, aber eben in die ungefährlichere Richtung, das heißt, quer über das Handgelenk. Wenn sie es längsseitig gemacht hätte, wäre sie verblutet.«

»Wo, wann, wer hat sie ...?«

»Ich habe sie heute Morgen gefunden. Sie wusste, dass ich ihr die Kinderkleidung für Anja vorbeibringe. Das hatten wir so abgemacht. Sie wollte gefunden werden. Trotzdem muss Ursula behandelt werden. Denn so ein Versuch ist ein Hilferuf und den muss man ernst nehmen.«

Ich wusste nicht, was ich sagen sollte. Meine Nachbarin schien mit solchen Vorkommnissen Erfahrung zu haben.

»Wir können später darüber reden. Ich hatte in letzter Zeit

schon bemerkt, dass mit Ursula irgendwas nicht stimmt. Ich habe mich schon um einen stationären Platz in der psychiatrischen Klinik in Häcklingen bei Lüneburg bemüht.«

»Stationär?« fragte ich erschrocken.

»Ja, natürlich, oder willst du Tag und Nacht auf sie aufpassen? Außerdem braucht sie eine Therapie, damit man den Grund für diese Sache rauskriegen kann. Du musst sie morgen dort hinfahren.«

»Und Anja – hat sie …?«

»Nein, die war ja noch im Kindergarten. Ich habe ihr erzählt, dass ihre Mama ins Krankenhaus kommt, damit sie schnell wieder gesund wird. Ich habe gesagt, es sei etwas mit der Schilddrüse, aber eben nichts Schlimmes.«

Ursula hatte tatsächlich etwas mit der Schilddrüse und das hatte Anja in Gesprächen zwischen uns mitgekriegt. Das war in dem Fall die beste Erklärung. Ich ging ins Nebenzimmer und Ursula erwachte. Zu fragen, warum sie das gemacht hatte, fand ich in diesem Moment unpassend. Ich strich ihr über die Stirn.

»Ich weiß, dass ich mich mehr um euch kümmern muss. Schlaf jetzt weiter.«

Die kommende Nacht war schrecklich. Ursula und Anja blieben bei den Nachbarn, die sich auch dazu bereit erklärt hatten, Anja während Ursulas Aufenthalt in Häcklingen zu sich zu nehmen.

Ich grübelte die halbe Nacht und machte mir Vorwürfe. War ich auch so ein Arsch wie Karl Marx, der seine Familie sträflich vernachlässigte? Na, ganz so schlimm wohl nicht, der hatte sie obendrein noch hungern lassen.

Als Ursula und ich nach der Autofahrt den Weg zum Eingang der Klinik hinaufgingen, bekam ich ein flaues Gefühl im Magen.

Eine Pflegerin nahm uns in Schlepptau und zeigte Ursula ihr Zimmer. Sie schloss die Tür, damit wir uns in Ruhe Adieu sagen konnten. Ich nahm Ursula in die Arme und versprach ihr, dass ich mich viel mehr um sie kümmern würde, wenn sie wieder zu Hause sei. Es würde alles anders werden. Dabei weinten wir beide leise.

Als ich den Raum verlassen hatte, waren die Schleusen offen und ich heulte Rotz und Wasser. Die ganze Rückfahrt über konnte ich schlecht sehen, weil ich die Augen voller Tränen hatte.

53

Sadomasochistisches Rauchen und Umzug

»Sag mal, rauchst du eigentlich auch, wenn du schläfst?«

Ronald war mit Renate verheiratet. Ronald war ein Kommilitone von mir und seine Frau arbeitete als Rechtsanwaltsgehilfin. Die beiden lebten in Hamburg-Altona in einer WG direkt an der Barner Straße. Da sich vor der Haustür eine Kreuzung befand und gegenüber die S-Bahn fuhr, war es höllisch laut in der Bude. Es gab noch zwei weitere Mitbewohner.

Werner, auch HWP-Student, war die Trantüte in Person. Politisch aktiv in einer linken Vereinigung. Welcher Haufen das war, weiß ich nicht mehr. Wenn ich Werner so beobachtete in seiner Antriebslosigkeit und Anti-Dynamik, war mir klar, dass niemand diese Träne wählen würde, weil das Land dann im Stupor verharren müsste.

Torben wiederum war aus ganz anderem Holz geschnitzt. Er schien genau zu wissen, was er wollte, war asketisch in der Erscheinung und absolut anspruchslos. Torben hätte man zutrauen können, mit hundert Deutschen Mark im Monat auszukommen. Er rauchte und trank nicht und aß wenig. Er plante nach Island zu gehen, um dort als Deutschlehrer zu arbeiten.

Ronald und Renate stammten aus Badde-Wüddebersch, so hätten sie es ausgesprochen. Da mir zu Hause die Decke auf den Kopf fiel, kam es mir sehr gelegen, dass Ronald mich zum Kässpätzleessen einlud.

»Udo, du kannst heute Nacht in meinem Hochbett schlafen. Ich schlafe dann bei Renate.«

»Super, danke, dann können wir ein paar Flaschen Müller-Thurgau vernichten.«

Ich hätte mir nicht vorstellen können, mit meiner Frau getrennte Betten zu haben.

Da ich mit der Herstellung von Teig auf Kriegsfuß stand, war ich sehr gespannt auf die Spätzle. Ronald kochte nicht puristisch und benutzte eine Spätzlepresse.

Das Ergebnis mundete hervorragend. Die Nudeln waren mit Käse und Semmelbrösel überbacken. Dazu gab es grünen Salat und Weißwein.

Beim Kochen hatte Ronald schon zehn Zigaretten geraucht. Er war der aktivste Glimmstängelabbrenner, den ich kannte. Es war fast Kette bei ihm angesagt und selbst ich als Raucher nahm wahr, dass es penetrant nach Qualm stank. Die ganze Bude, die Klamotten, alles.

»Sag mal Ronald, rauchst du eigentlich auch, wenn du schläfst?«

»Fast richtig, ich bin schon wiederholt mit Zigarette eingeschlafen.«

»Du musst aufpassen, dass du die Bude nicht abfackelst.«

»Ich habe immer einen Eimer Wasser neben dem Bett stehen.«

»Du machst Witze.«

»Komm mal mit!«

Wir gingen in sein Zimmer. Neben dem Bett stand tatsächlich ein Eimer Wasser.

»Kann es sein, dass du ganz schön ungesund lebst?«

»Na und, irgendwann ist für alle Schluss.«

»So kann man seine Sucht natürlich auch legitimieren.«

Ronald beteuerte, das heftige Qualmen hätte er beim DGB gelernt. Hier hatte er als Hauptamtlicher gearbeitet.

»Beim DGB war die Sechzigstundenwoche die Regel, Udo.«

»Das ist ja interessant, die Fünfunddreißigstundenwoche für alle anderen Arbeitnehmer verlangen und seine eigenen Leute ausbeuten. Das ist nicht gerade solidarisch.«

»Deshalb kehre ich in diesen Job auch nicht mehr zurück.«

»Na, das würde ich aber auch sagen. Das bedeutet also Gewerkschaftsarbeit.«

Ich hatte schon immer das Gefühl gehabt, dass die Linken und besonders politisch aktive Leute tendenziell lustfeindlich waren.

Die aktiven Linken kompensierten ihre nicht eingesetzte Libido wohl mit dem Gefühl, etwas zu bewegen, Macht auszuüben. Das machen wohl alle Politiker so, die nur an ihre Reden, Gremien, Versammlungen und Akten denken. Arme Schweine im Gefühlsbereich!

Ronald hatte ein Faible für den Sadomasochismus. Er stand besonders auf Bondage. In seinen Bücherregalen standen nicht nur die einschlägigen Werke der intellektuellen Linken, sondern auch ›Die Geschichte der O.‹ und ›Die Philosophie im Boudoir‹ sowie ›Die 120 Tage von Sodom‹.

Mir wurden Zusammenhänge klar. Wer es jahrelang in einer Sechzigstundenwoche beim DGB aushielt, musste ein Masochist sein. Dazu passte auch dieses exzessive Rauchen, denn in Gesprächen mit Ronald über das mir bisher relativ unbekannte Thema SM lernte ich, dass die höchste Stufe des Masochismus die Selbstzerstörung sei. Und Ronald ruinierte sich mit dem Qualmen selbst. Eine langsame Tortur, an deren Ende ein qualvoller Tod stand.

Als Ronald mir erzählte, dass er bei seinen neuapostolischen Großeltern aufgewachsen wäre, meinte ich den Grund für seine Neigung entdeckt zu haben. Aus so einem starren Erziehungskorsett musste ein Zwangsneurotiker hervorgehen. Davon war ich überzeugt.

Ronald setzte sich intensiv mit diesem Thema auseinander, da es auch seine Ehe belastete. Er schrieb im Fach Sozialpsychologie eine Arbeit mit dem Titel ›Sadomasochismus, psychologische Fehlentwicklung oder gesellschaftliches Phänomen‹. Dass Sexualität und Leidenschaft viel mit Macht zu tun haben, war mir klar.

Dass man Sexualität auch durch Macht ersetzen konnte, erlebte man tagtäglich am Verhalten unserer Volksvertreter und besonders an den heuchlerischen Pfaffen. Wie hatte ich die gefressen. Das hatte mit Gott bestimmt nichts zu tun.

Nachdem wir einige Stunden interessante Gespräche geführt hatten, die von einigen Flaschen Müller-Thurgau flankiert wurden, hatten wir die nötige Bettschwere. Gegessen und getrunken hatten wir natürlich in der Küche, sonst wäre ich am nächsten Morgen ein Räucheraal gewesen.

Obwohl wir woanders geraucht hatten, stank Ronalds WG-Zimmer unerträglich. Wie bekam ich nur diesen Gestank aus dem Zimmer? Ich riss die Fenster auf. Ist ja gar nicht so laut, dachte ich. Doch dann gaben die Autofahrer wieder Gas, denn die Ampel war auf Grün gesprungen. Lautstärke und Gestank drangen gleichzeitig in mein Schlafgemach.

Die ganze Nacht mit geschlossenem Fenster schlafen? Meine Nase würde zum Schlot mutieren. Mit einem »Halali!« im Kopf erklomm ich das Hochbett, deckte mich zu und versuchte, meine Sinne zu desensibilisieren, wie einst in Augenhöhe mit den ätzenden Schweißfüßen des dicken Feldwebels.

Mir stieg saurer, aschenartiger Geruch in die Nase, der erheblich schlimmer war als weiter unten im Zimmer. So, als ob ein fieser Schutzgelderpresser meine Nase in einen Aschenbecher gedrückt hätte mit dem Befehl: »Und jetzt atme. Wir können noch ganz andere Sachen mit dir machen. Besser, du rückst die Kohle gleich raus.«

Aber in diesem Zimmer hatten wir doch heute gar nicht geraucht. Wie konnte denn da irgendwas nach oben ziehen? Ich machte Licht und traute meinen Augen nicht. Neben dem Kopfende des Bettes stand ein voller Aschenbecher! Scheiße, wieder die Leiter herunter und das rückwärts. Ich brachte den Aschenbecher in die Küche, leerte ihn aus und kletterte zurück. Aber ich konnte bei dem Gestank kein Auge zukriegen. Weil es schon halb zwei war, öffnete ich das Fenster, um wenigstens bis zum Beginn des Berufsverkehrs schlafen zu können.

Um halb fünf träumte ich, dass mich ein Lkw überfahren hätte. Ich schreckte hoch, als er wieder anfuhr. Das Zimmer war voller Dieselabgase und die Fensterscheiben vibrierten im dumpfen Motorengeräusch. Ich schloss das Fenster, aber weil es nur einfach verglast und marode war, drang der Verkehrslärm durch.

An diesem Tag war ich völlig gerädert. Das passte zu den Geschehnissen, die im Verlauf der nächsten Stunden noch auf mich warten würden. Hier konnte nur ein Masochist wohnen, dachte ich, als ich die Haustür schloss. Ich musste mich beeilen, denn heute Mittag kehrte Ursula aus der Psychiatrie zurück.

Mit einem flauen Gefühl im Magen betrat ich das Haus. Ursula stand mit einer mir unbekannten Frau in der Küche und kochte Kaffee.

»Hallo Schatz«, sagte ich und umarmte sie.

Die Umarmung war von etwas Negativem überschattet. Ich meinte, Ablehnung zu spüren.

»Hallo Udo, das ist Gerlinde. Sie ist auch heute entlassen worden.«

»Hallo Gerlinde.«

»Ich mache einen Spaziergang und schau mir ein bisschen die Gegend an«, sagte Gerlinde.

»Udo, ich muss mit dir reden.«

Gerlinde ging gerade in Richtung Wald.

»Was ist denn?«

»Udo, ich …«

»Wieso nennst du mich neuerdings Udo? Bin ich nicht mehr Schatzi?«

»Udo, wir müssen etwas verändern. Ich kann nicht mehr mit dir zusammenleben. Ich muss erst einmal zu mir selbst finden. Das kann ich aber nicht, wenn ich mit dir zusammenwohne. Bei mir ist ein schreckliches Durcheinander im Kopf.«

»Bei mir gerade auch. Wie stellst du dir das praktisch vor? Wir haben ein Haus gemietet. Wie soll das denn einer von uns allein bezahlen? Und vor allem, wer soll hier weiter wohnen?«

»Du musst doch eh immer nach Hamburg, Anja ist hier im Kindergarten und hat ihre Spielkameraden hier. Gerlinde würde zu mir ziehen.«

»Ah ja, das habt ihr schon länger geplant, was? Und was hast du gedacht, wie lange habe ich Zeit, eine Wohnung zu finden?«

»Na ja, da müssen wir einen gangbaren Weg finden.«

Seltsamerweise war ich weniger geschockt, als ich dachte.

»Ich glaube, das ist die beste Lösung, Ursula. Du hast recht. Ich fahre zum Krämer und hole ein Hamburger Abendblatt.«

Ursula ließ ein gedehntes »Jaaah« und einen Seufzer vernehmen und schaute mir ein wenig erstaunt hinterher.

Vermutlich hatte sie eine dramatische Szene erwartet. In Gedanken versunken fuhr ich zum Dorfladen. Ich fühlte mich natürlich wie vor den Kopf gestoßen, aber in dieses Gefühl mischte sich auch Erleichterung, so als wenn ich unterbewusst auch schon mit der Sache abgeschlossen hatte.

Mit der Zeit fehlten mir Ursula und Anja aber doch und ich beutete meine eigene masochistische Ader aus. Alkohol und Zigarettenkonsum erhöhten sich und Lärm und Gestank störten mich immer weniger. Da mir dieser Schwebezustand, in dem ich mich befand, ziemlich auf die Nerven ging, war ich beim Suchen nach einer Wohnung nicht wählerisch. Zudem musste die Bude billig sein, weil ich keine Lust hatte, wieder in einer Wohngemeinschaft zu wohnen. Ich wollte eine eigene Höhle haben, einen Stein vor den Eingang rollen und die ganze Welt sollte mich vorerst gehörig am Arsch lecken.

Die erstbeste, einigermaßen akzeptable Behausung mietete ich an. Die Entfernung zur Uni belief sich auf ein bis zwei Kilometer, das Viertel war sehr lebendig und interessant. Ich zog an den neuen Pferdemarkt in St. Pauli-Nord. Die Wohnung war mehr was für Nachtarbeiter. Sie befand sich im Hinterhof und die Fenster lagen in die Richtung, aus der kaum Licht kam. Ich schaute nur gegen Mauern.

Mein Leben war ein Kontrastprogramm. Vor einigen Tagen schaute ich noch in die Natur und ging im Wald spazieren. Jetzt schaute ich Wände an, und wenn ich auf die Straße trat, umtoste mich stinkender, lauter Autoverkehr.

Aber ich war mein eigener Herr, konnte mit dem Fahrrad zur Uni fahren, und wenn ich zweimal lang hinschlug, war ich bei meinem Stammgriechen. Es gab eben Vor- und Nachteile wie bei allem.

Ich stürzte mich ins Studium, muckte mit meiner Band und setzte mich abends mit einer Zeitung ins ›Olympische Feuer‹. Das Singleleben in Hamburg war teurer als ein Dasein mit Familie und zwei Verdienern. Zum Taxifahren immer nach Buxtehude zu gondeln, lohnte sich auch immer weniger. Mein Personenbeförderungsschein galt aber nur für diese Gegend. Ich erwog, einen Taxischein für Hamburg zu machen. Die Größe der Stadt und die Anzahl der Straßen schreckten allerdings ab. Die meisten Kandidaten fielen das erste Mal durch die Prüfung. Eine Fügung des Schicksals brachte mir die Lösung für meine Probleme. Ich lernte meinen Kommilitonen Norbert, Nobby genannt, kennen. Nobby befasste sich mit düsteren Zukunftsvisionen und hörte gern Countryrock. Das waren schon zwei Gemeinsamkeiten. Die dritte war der schwarze Humor.

»Das Leben besteht aus Gleichungen, die nicht aufgehen«,

war sein Lieblingsspruch und das momentane Lieblingsbuch war ›Der Schockwellenreiter‹ von John Brunner.

Eine dystopische Zukunftsvision, die im Amerika des einundzwanzigsten Jahrhunderts spielt und viele negative Auswirkungen des Computerzeitalters voraussieht, besonders die Gefahren des Internets. Er wirkte durch den ernsten, etwas verkniffenen Gesichtsausdruck misanthropisch, was er aber eigentlich nicht war.

Wir hatten schon einige Biere zusammen getrunken und viel über »schwarze Sachen«, wie wir sie nannten, gelacht. Ich erzählte ihm von meinem schwindenden Geld und dass ich unbedingt einen Job bräuchte. Er sagte, er sei beim NDR Fernsehen als Kabelaffe tätig. Dabei handelte es sich offiziell um die Tätigkeit eines Bildassistenten. Das hieß, Kameras aufbauen, verkabeln und das Kabel führen, damit der Kameramann nicht darüber stolperte oder es zum Kabelsalat kam.

»Ich kann mal nachfragen, ob sie noch jemanden brauchen, denn ich glaube, dass einer meiner Kollegen das Studium bald abschließt. Dieser Job wird beim NDR nur mit Studenten besetzt.«

»Mann, das wäre toll, dann bräuchte ich nicht mehr Taxi zu fahren oder nur noch ein bisschen. Ich wäre zumindest nicht so darauf angewiesen.«

»Ich sehe zu, was sich machen lässt.«

Diese Jobs waren heiß begehrt.

Manchmal ging ich abends ins ›Pickenpack‹, eine Kneipendiskothek, die gegenüber meiner Wohnung in maximal fünfzig Metern Entfernung lag. Zum ›Stairways‹, einer Heavy-Metal-Disco, waren es vielleicht vierzig Meter. Wenn ich allein auf ein Bier in diese Läden ging, fühlte ich mich einsamer als im Wald. Obwohl ich wusste, dass es so besser für alle Beteiligten war, hinterließen Ursula und Anja ein Loch in meinem Herzen. Ich befand mich im luftleeren Raum. Abgekoppelt von allem. Entfremdet von der Umwelt. Ich hatte kein zu Hause.

Andere Menschen trafen sich mit ihren Verwandten und ich war froh, wenn ich meine nicht sah. Meine Familie schien Lichtjahre von mir entfernt zu existieren. Die Lebensentwürfe ihrer Mitglieder sahen völlig anders aus als meiner. Aber nein, ich hatte doch gar keinen Entwurf. Ich trieb trotz des Studiums planlos durch das Leben. Ungeerdet.

Eigentlich war ich ein häuslicher Typ, streifte aber wie ein einsamer Wolf durch die Nächte. Manchmal fuhr ich ziellos mit meiner Karre durch die Gegend und hörte dabei eine Kassette von Konstantin Wecker. Ich schob immer wieder das Lied ›In diesen Nächten‹ in den Rekorder.

»In diesen Nächten, wo die süßen Gifte
der Einsamkeiten durch die Straßen rinnen,
vergeh' ich mich so gern an mir.
Man atmet dumpfer und man hat Gesichte
und aus den Straßenlöchern treten schwarze Spinnen
im Dunst von Rotwein, Rotz und Gier.
Die müden Nutten lehnen an den Türen,
wie faules Obst, zertretbar und verdorben.
Es klingt Musik an aus den heilen Welten.
Die Luft ist angefüllt mit Syphilisgeschwüren,
und in den Himmelbetten ist die Lust gestorben,
die viel zu viele zum Menue bestellten.
In diesen Nächten packt mich ein Verlangen,
das wie ein Feuer kommt um all den Mist
und Wirrwarr meiner Seele zu durchwandern.
Doch ich versuche nicht, mich abzufangen,
weil es ganz sicherlich schon ein Verbrechen ist
nicht so kaputt zu sein wie all die andern.
An manchen Fensterkreuzen hängen Tote, die erst in …«
(Konstantin Wecker, In diesen Nächten)[1]

Was für ein großer Künstler. Was für eine Tiefe. Was für eine Melancholie. Was für eine Einsamkeit. Der größte deutsche Liedermacher.

Wenn ich mit dem Lied im Ohr durch diese Nächte fuhr und den Mond anheulte, dann sehnte ich mich nach Tiefe.

Am nächsten Morgen fand ich eine Postkarte in meinem Briefkasten, deren Vorderseite einen Blumenstrauß zeigte.

»Huch, wer schickt dir denn so eine tuntige Karte?«, gespannt drehte ich sie herum.

Was dort stand, war nicht zu fassen:

Hallo Udo, wie geht es dir? Ruf mich doch mal an.

Unter anderem stand da auch noch:

Wann heiratest du mich?

Unterschrieben war die Karte von Ursula.

»Ja, ist die Frau nicht ganz dicht? Die schmeißt mich aus dem Haus und acht Wochen später schreibt sie mir sowas?«

Ich verstand es nicht. Mein Steuermann hingegen hatte sich bei der Unterschrift sofort geregt.

»Nein, nein, nein, mein Junge, wir bleiben schön zu Hause. Ich habe keine Lust, die Sache wieder anzufangen. Der Stress hat mir gereicht.«

Ich hatte nicht mit seiner Macht gerechnet und am nächsten Tag fuhr ich hin. Ursula fiel mir sofort um den Hals und küsste mich. Sie erzählte mir, dass sie sich mit Gerlinde gestritten hätte und diese schon wieder ausgezogen wäre.

Aha, daher weht der Wind, kam mir die Erkenntnis.

Jetzt war kein zweiter Zahlmeister mehr vorhanden und der Auswechselspieler wurde angefordert. Und der Idiot kam auch noch!

»Wo ist Anja?«

»Die ist bei Oma.«

Geschickt eingefädelt.

Aber der Steuermann hatte schon die Kursänderung beschlossen und ich versank völlig machtlos in ihrer massiven

Liv-Ullmann-Haftigkeit. Als wir nach den ersten Kämpfen nebeneinander im Bett lagen, war alles etwas fremd für mich. Um zweiundzwanzig Uhr klingelte es.

»Wer ist das denn um diese Uhrzeit?«, fragte ich.

Mit den Worten: »Ich schaue nach«, entschwand sie nach unten.

Ich wartete und wartete. Wer konnte das sein, dass sie sich da unten so lange aufhielt? Nach zehn Minuten kam sie wieder ins Schlafzimmer.

»Wenn du einen neuen Anfang willst, dann beginne ihn mit der Wahrheit. Wer war das? Warum warst du so lange unten?«

Meine Gefühle sollten schon wieder ein Wechselbad erleben. Ursula erzählte mir, dass das ihr Psychiater aus Lüneburg gewesen wäre. Er hätte mit ihr ein Verhältnis angefangen.

»Dazu gehören aber immer zwei«, bemerkte ich ärgerlich.

»Ja, das stimmt, aber ich war so zerstört, so angeschlagen, und er hat das ausgenutzt.«

»Dieses blöde Schwein, wenn ich das an die große Glocke hänge, dann kann der seinen Job an den Nagel hängen.«

»Ich habe ihn ja wieder weggeschickt und ihm gesagt, dass ich nichts mehr mit ihm zu tun haben will. Der ist geschieden und hat drei Kinder. Der ist schon genug gestraft.«

»Trotzdem ist er ein Schwein. Der soll die kranken Seelen zusammenflicken und macht sich seinen Job für so was zunutze. Das geht nicht. Das ist ja wie Unzucht mit Abhängigen.«

»Ja, ich weiß, aber lass ihn bitte in Ruhe. Das ist ein ganz armes Schwein.«

Am nächsten Morgen fuhr ich mit gemischten Gefühlen nach Hamburg. Ich hatte mit Ursula vereinbart, dass ich das Erlebte erst einmal sacken lassen musste.

VIERZEHN

54

Kabelaffe
»Gerade der Grünkohl liebt Kompost und Hornspäne!«

Nobby hatte es geschafft: Ich durfte mich beim Norddeutschen Rundfunk, Abteilung Fernsehen, vorstellen. Das war aber wegen Nobbys Vitamin B eine reine Formsache. Der wichtigste Mann in meinem Leben war jetzt Lothar Tiel. Er war der Disponent und damit auch der Herr über die Geldbeutel der Studenten. Es lohnte sich nun, einen Anrufbeantworter anzuschaffen. Wenn man nicht erreichbar war, kam der Nächste zum Zug.

Manchmal fuhr ich wegen Dauerregens mit dem Auto zur Hochschule. Es kam vor, dass ich die Vorlesung verpasste, weil ich keinen Parkplatz fand. Wenn ich dann nach Hause zurückkehrte, blinkte hin und wieder mein neuer Anrufbeantworter und, Glück im Unglück, es war Herr Tiel, der angefragt hatte, ob ich verfügbar wäre.

Ich hatte grundsätzlich Zeit. Mit Grippe, mit dem Kopf unterm Arm oder selbst wenn Ulrich Beck, der damalige deutsche Chefsoziologe, höchstpersönlich über die »Risikogesellschaft« doziert hätte. Man hatte immer Zeit für den NDR. Manche Kollegen saßen wahrscheinlich neben dem Telefon und warteten. Jeder von den Kabelaffen dachte: Wenn du einmal Nein sagst, dringt das in Herrn Tiels Unterbewusstsein und er ruft zuerst die Jasager an.

Ich stellte mir folgende Szene vor: »Schatzi, geh du bitte einkaufen. Ich muss mit meiner Diplomarbeit endlich mal weiterkommen.«

Tatsache war, dieser Student wartete auf einen Anruf von Herrn Tiel und es lag ihm fern, jemals mit der Diplomarbeit fertig zu werden.

Bei einem meiner Kollegen war diese fiktive Szene wohl zur Realität geworden, wie die Anzahl seiner Studiensemester verriet.

An der HWP war so etwas nicht möglich. Die Zeit, die man bis zum Erwerb des Diploms hatte, war begrenzt.

Da man als Student keine Sozialabgaben abführen musste, war der Job lukrativ. Es fielen lediglich Steuern an. Im Büro von Herrn Tiel war immer reger Betrieb. Da lungerten Studenten herum, die gar nicht gebucht waren.

»Hallo Lothar, was macht der Schrebergarten? Meine Eltern geben ihren Campingplatz auf. Sie sind langsam zu alt dafür. Meine Mutter hat noch ein paar Pflanzen, die sie nicht mehr braucht, möchtest du die haben?«

Jeder von uns schlidderte auf einer Schleimspur durch das Büro. Die gartenfernsten Individuen interessierten sich plötzlich für Pflanzen.

»Gerade der Grünkohl liebt Kompost und Hornspäne«, hörte ich mal jemanden sagen.

Ich war für die Schaubude gebucht. Nobby war von Lothar auserkoren worden, mich in die Tätigkeit einzuweisen. Die Anzahl der Kameras bestimmte die Anzahl der Affen. Hinter jedem Kameramann musste der Bildassistent das Kabel führen. Vorher musste die ganze Technik natürlich aufgebaut werden.

Anfangs war es schwierig, sich auf die Verkabelung und die einzelnen Begriffe zu konzentrieren, denn es wieselten jede Menge wichtig dreinblickende Leute durch die Gegend. Im Laufe der Zeit spielte sich die Sache ein, und der Auf- und besonders der Abbau liefen rund. Nach dem Abbau war Feierabend. Der NDR leistete sich für den Abbau eine großzügige Zeitplanung.

Manchmal lag ich schon im Bett und mein Salär lief immer noch. Wenn für den Abbau zum Beispiel acht Stunden aufgeschrieben werden konnten, waren wir meist nach vier Stunden fertig und das Geld lief weiter. Das waren goldene Zeiten.

Ich hatte gerade eine sogenannte Acht geleg – das Kabel wurde in Form einer Acht hinter die Kamera gelegt, damit es sich nicht verheddern konnte – als sie um die Ecke bog: Anita Tischler-Buntspecht. Man sieht sich im Leben immer zweimal. Vor einigen Jahren beim Gebissball in Braunlage und jetzt bei der Schaubude in Kiel.

»Ach du Scheiße«, war mein erster Gedanke.

Nobby nässte sich fast ein vor Lachen, als ich ihm die Modenschaustory auftischte.

»Ich kann dich beruhigen, Udo, sie ist heute nur als Vertretung hier. Ramona Leiß, die sonst moderiert, hatte einen Unfall. Übrigens, sie heißt jetzt nur noch Buntspecht.«

»Das ist logisch, Nobby, Tischler und Buntspecht, die vertragen sich nicht.«

»Du warst auch schon mal besser, Udo.«

Den kleinen Affen erkannte die Dame nicht wieder.

Was mich immer wieder verwunderte, waren die Reaktionen meiner Mitbürger auf Fernsehkameras. Während ich es tunlichst vermieden hätte, bei dieser »Rentnerveranstaltung« im Bild zu erscheinen, war das Glotzvolk geradezu versessen darauf, im Fernsehen zu sehen zu sein. Wenn die Kamera einen Moment das Publikum zeigte, bildete sich an der Stelle, auf die die Kamera gerichtet war, eine Menschenpyramide, damit ja alle mit im Bild waren. Dann wurde gelacht, gejohlt und gewunken, was das Zeug hielt.

Das Schärfste aber waren Befragungen, bei denen die Leute zum Abschluss noch jemanden grüßen konnten: »Ich grüße Tante Hilde und Onkel Herbert in der DDR, Klaus und Bärbel aus Moorausmoor und alle, die ich kenne.«

Nobby und ich amüsierten uns prächtig bei der Beobachtung des Guckviehs. Das Fernsehen hatte für die Bevölkerung einen Fetischcharakter.

Es gab zeitweilig auch anspruchsvollere Tätigkeiten. Wir waren mit dem Team im ›Ohnsorg-Theater‹. Es hatte einen umwerfenden 50er-Jahre-Charme. Man fühlte sich wie in einer gemütlichen Eckkneipe aus vergangenen Zeiten.

Theaterluft zu schnuppern, vor allen Dingen hinter der Bühne, hatte etwas Magisches. Das erinnerte mich an meine Kindheit. Ich saß mit meinen Eltern sonnabends regelmäßig vor dem Fernseher, wenn aus dem ›Ohnsorg-Theater‹ übertragen wurde. Jetzt war ich live vor Ort.

Aufregend war auch die Aufgabe, die man mir an diesem Abend übertragen hatte. Ich saß auf einem Podest mit meinem Kameramann inmitten des Publikums und musste dem Kollegen Regieanweisungen geben. Dazu hatte ich einen Drehplan erhalten, anhand dessen ich dem Kameramann seine Einstellungen kundtun musste. Ich war somit ein etwas wichtigerer Teil der Produktion als sonst. Man konnte sich bei dieser Arbeit keinen unkonzentrierten Moment erlauben. Das hätte fatale Folgen gehabt.

»Rechte Tür, Frau Kabel, Totale«, sagte ich und schwupp, kam die liebe Heidi Kabel aus der Tür.

Vor der Produktion, als ich sie das erste Mal hinter der Bühne sah, dachte ich sofort an ›Tratsch im Treppenhaus‹. Das war ein Stück, in dem sie eine ihrer Paraderollen gespielt hatte. Hinter der Bühne saß sie auf einem Sofa, als es losgehen sollte.

»Hilf mir bitte mal hoch, mien Jung, meine Knochen sind nicht mehr die Besten«, sagte sie zu mir, denn sie kam einfach nicht aus dem tiefen Sofa hoch.

Ich bewunderte und beneidete sie um ihr erfülltes Schauspielerleben.

Als wir nach der Vorstellung mit Hilde Sicks im Foyer saßen und Korn und Bier tranken, wurde ich vollends ein Freund des Volkstheaters. Heute hatte ich etwas Erfüllendes erlebt und mein Geld redlich verdient.

In Sachen Ursula begann dann wieder das beliebte Ja- oder Nein-Spiel. Zu ihr fahren oder zu Hause bleiben? Meist wurde der Kapitän vom Steuermann überstimmt. Ein Scheißspiel war das.

Zwei Kilometer von meiner Heimstatt entfernt wohnte die junge, hübsche Freundin von Ursula. Was für ein Zufall. Sie hatte unlängst meinen Steuermann infiziert, als sie sich aufgrund von Platzmangel im ›Bierdorf‹ auf meinen Schoß gesetzt hatte. Ihr eigener Schoß kochte, denn sie hatte einige Tanzrunden hinter sich. Ihr Hintern war knackig, heiß und ihr Jungmädchenschweiß mischte sich mit betörendem Parfüm. Das ging sozusagen voll in die Hose und zwar in meine. Nur ein impotenter Mann hätte darauf nicht reagiert. Der Kapitän sagte zu dem Zeitpunkt noch »Njet«, denn zwischen mir und Ursula war da noch alles in Ordnung.

»Gibt nur böses Blut, Steuermann«, begründete der Kapitän seine Entscheidung.

Es gibt aber Infektionen mit einer langen Inkubationszeit. Auch nach Monaten durfte man bei ihnen nicht zwangsläufig glauben, noch mal davongekommen zu sein. Dem Kapitän wurde vom Steuermann erklärt, dass die Ursula-Krankheit vielleicht mit dem Sandra-Medikament zu heilen wäre. Mir wollte nicht auffallen, dass dies ein Scheingrund war.

Da Sandra aus Bad Pyrmont stammte und ihr Freund dort wohnte, war sie ein bisschen einsam und deshalb ganz zugänglich, aber sie hielt sich bedeckt und ließ mich zappeln.

Ich hegte den Verdacht, dass sich der Psychiater bei Ursula wieder eingeblendet hatte und vermutete, sie ließ ihn gewähren.

Ich lenkte mich wieder mit einem wilden Leben ab. Es war nicht allzu schwer als Sänger, ein Mädchen mit in die Höhle zu locken, wenn man es darauf anlegte. Und das tat ich.

Diesmal hatte ich jedoch schneller als sonst die Nase voll davon und ließ es wieder ruhiger angehen. Ab und zu traf ich mich mit Sandra und vermied es, zu Ursula zu fahren, die jetzt eine Wohnung, nur eine Straße von ihrem vorheringen zu Hause entfernt, bezogen hatte, weil sie sich das Haus allein nicht mehr leisten konnte. Das Sandra-Medikament half allerdings nicht. Ursula saß mir immer noch im Herzen fest und ich litt still vor mich hin.

Weil ich des Öfteren andere Bands live gesehen hatte, die ihre eigenen Kompositionen spielten und dabei fröhlich und ambitioniert wirkten, gefiel mir meine Tätigkeit bei der Oldieband nicht mehr. Ich begann zu nörgeln. Einerseits wollte ich ein bisschen was verdienen, aber andererseits hatte ich keine Lust mehr auf das Covergedudel. Nach einigen Wochen hatte ich den Hamburger Jungens zu viel gemeckert. Sie engagierten eine Sängerin und legten mir ans Herz, die Kapelle zu verlassen.

Wir gingen nicht im großen Streit auseinander, weil ich einsehen musste, dass sie recht hatten. Ich trauerte in diesem Moment der Band nicht nach. Wir hatten verabredet, dass ich in zwei Wochen ins ›Bierdorf‹ kommen würde, um einen Anteil des Geldes zurückzubekommen, den ich mit in die Anlage investiert hatte.

Zwei Tage später rief mich Andy an.

»Udo, wollen wir uns nicht einmal treffen und die Sache zwischen uns bereinigen? Wir haben zusammen schon so viel erlebt und es wäre doch schade, wenn wir diesen Streit nicht beilegen würden. Unser Sänger hat zwei Bands und nicht immer Zeit. Es würde mich freuen, wenn wir wieder zusammen ab und zu Musik machen würden.«

Im Hinblick auf den Verlust meiner Hamburger Jungens willigte ich ein. Hin und wieder aufzutreten und die NDR-Jobs, würden mich ganz passabel leben lassen.

55

Iris
»Tom bo li de say de moi ya«

Ich war natürlich gespannt darauf, was meine ehemalige Band mit einer Sängerin für ein Musikprogramm anbieten würde. Das lief zwangsläufig auf eine »Ent-rock-ung« und eine »Ver-disco-isierung« des Programms hinaus. Ansonsten freute ich mich auf das Geld, dass ich noch bekommen würde.

Ich hatte gerade in meiner »Mini-Nasszelle für Überlebenskünstler« geduscht, als es klingelte. Ich öffnete die Tür und wurde von dem Anblick einer rassigen Frau überrascht, die einen angenehmen, teuren Duft verbreitete.

»Iris, das is' ja 'n Ding! Dich hätte ich nicht erwartet. Komm doch rein.«

»Hallo Udo, ich hatte heute verkaufsoffenen Samstag und dachte, ich komme auf einen Besuch vorbei. Peter ist in Norwegen. Vielleicht hast du ja Zeit und Lust, etwas Essen zu gehen?«

Nachtigall, trippel, trappel.

»Das ist eine sehr gute Idee. Wir könnten portugiesisch ausprobieren. Den Griechen habe ich langsam satt. Aber wieso verkaufsoffener Samstag?«

»Ach so, das kannst du ja gar nicht wissen. Meine Mutter hat doch früher im Management der Firma Singer gearbeitet, du weißt doch, Nähmaschinen.«

Ich nickte.

»Sie hat mir einen Job bei Singer verschafft. Ich habe eine Filiale im Einkaufszentrum Hamburger Straße, an der Mundsburg, übernommen.«

»Das sind ganz schön beschissene Arbeitszeiten im Einzelhandel, was?«

»Das stimmt, aber dafür habe ich keinen Vorgesetzten im Laden und genieße einige Freiheiten.«

»Wir könnten im ›La Sepia‹ essen. Das ist gleich hier um die Ecke«, schlug ich vor.

»Ja, gut, mir ist alles recht, ich habe großen Hunger.«

»Nach dem Essen könnten wir noch ins ›Bierdorf‹ gehen. Ich trete nicht mehr mit meiner Band auf, weil ich keine Lust mehr auf das Nachgedudel von Popmusikstücken habe. Heute Abend bekomme ich noch meinen Anlagenanteil ausgezahlt und außerdem interessiert mich mal, was die mit einer Sängerin als Frontfrau für ein Programm anbieten.«

»Ja klar, zu Hause ist sowieso niemand und Fernsehen ist langweilig.«

Das Besondere am ›La Sepia‹ war, dass es aus einem sehr großen Raum bestand, in dem gegessen und gekocht wurde. Die offene Küche befand sich rechts in der Ecke des Raumes hinter einer Glasvitrine, in der die herrlichsten Fische auf Eis lagen. Das ganze Ambiente hatte etwas Rustikales und Romantisches zugleich. Man konnte sich einen Fisch aussuchen, der dann vor den eigenen Augen zubereitet wurde. Die Medaille hatte aber auch eine Kehrseite, wenn man das Lokal verließ, stank man nach Fischbratküche.

Weil nicht gleich ein Platz frei war, wurden wir am Fischtresen zwischengelagert und bekamen erst einmal einen Sherry mit Olive in die Hand gedrückt.

»Einer der Köche bereitet sich auf den Kampf um Jerusalem vor«, sagte ich zu Iris.

Sie wendete den Kopf und sah, wie der Mann mit einem Kettenhandschuh ein Dutzend Austern öffnete. Als sie lachte, sah ich ihren Überbiss, der Spaß am Sex vermuten ließ, wie einige Kumpel mir versichert hatten.

Wir bestellten uns Huhn im Tontopf mit Salat und orderten dazu einen Liter Vinho Verde. Ein Blumenverkäufer betrat die Lokalität. Während ich die Jungens sonst nicht sonderlich beachtete, weil man ihrer bei einem Kneipenbummel im Viertel des Öfteren ansichtig wurde, kaufte ich dieses Mal eine Rose und gab sie Iris. Sie bedankte sich lächelnd und gab mir einen braven Kuss auf die Wange.

Ich betrachtete sie genauer. Iris trug die dunklen, langen, glatten Haare streng am Kopf hochgesteckt. Das gab ihr das Aussehen einer Flamencotänzerin, was noch durch feinherbe Gesichtszüge mit hohen Wangenknochen unterstützt wurde. Sie hatte die aufgeworfene Unterlippe von Sophia Loren. Aus ihrem Gesicht strahlten sehr große, sehr blaue Augen.

Als sie sich zur Toilette begab, war ich gebannt von ihrem Hüftschwung und den extrem langen Beinen. Ihr enger Rock gab sich redlich Mühe, nicht vom überirdischen Hintern gesprengt zu werden.

Peter hat Glück, dachte ich versunken.

Diese Frau sollte man nicht zu lange allein lassen. Wir waren gerade ins Gespräch vertieft, das mit zunehmendem Konsum von sozialem Schmiermittel immer lockerer flutschte, als sie ins Restaurant einfielen. Die Unvermeidlichen. Zwei Gitarren, eine Bongo und drei Stimmen, die Gewinde in die Gehörgänge fräsen konnten. Da ich auch Musiker war, erzwang allein ihre Anwesenheit Aufmerksamkeit und braves Applaudieren. Nach der Erfüllung der gebotenen Achtung konnte man sich wegen der Lautstärke schwer unterhalten. Wenn man länger im Lokal saß, wurde man bis zu dreimal auf ihrer Tour heimgesucht. Wir bestellten uns ein Taxi und fuhren zum ›Bierdorf‹.

»Hallo Udo, wieso singst du denn nicht mehr bei dieser tollen Band.«

»Ja Udo, das kannst du uns doch nicht antun.«

Solche Bemerkungen von zwei Stammkundinnen des ›Bierdorfs‹ gingen runter wie Öl und brachten mir Pluspunkte in der B-Note – Iris hatte es gehört.

Ich kassierte die dicke Marie aus meiner Investition und holte Drinks für uns beide. Die Musik meiner Exkapelle war nun weichgespülter, aber die Sängerin war wirklich gut. Sie war ein junges Mädchen mit Talent und viel Power in der Stimme. Ein wenig neidisch war ich schon, denn ich fühlte mich auf der Bühne am wohlsten.

Zwischen den Sets der Livebands kam Musik aus der Konserve, was mich als Akteur immer nervte, mir als Gast aber relativ egal war. Der DJ legte ›All Night Long‹ von Lionel Richie auf den Plattenteller und ich hatte schon den notwendigen Pegel, um hemmungslos mitzusingen.

»Tom bo li de say de moi ya.
Yeah, jumbo, jumbo.
Way to party o we goin',
Oh jambali.
Tom bo li de say de moi ya.
Yeah, jumbo, jumbo.«

Als ich bei dem Teil angelangt war, registrierte ich im Augenwinkel das erstaunte Gesicht einer Schwarzen, die sich darüber zu wundern schien, dass ich das auswendig konnte. Im gleichen Moment schaute mir Iris tief in die Augen und küsste mich leidenschaftlich. Der Reiz schoss sofort in die unteren Bereiche und verbreitete sich von dort aus im ganzen Körper. So etwas Schönes hatte ich schon lang nicht mehr erlebt. Ich hatte doch gar nichts gemacht. Die Konsequenzen unseres Tuns schienen Lichtjahre entfernt zu sein. Wir machten uns keine Gedanken darüber. Wir umarmten uns und blickten uns an, als wenn uns sonnenklar war, dass wir zusammengehörten.

Tief in der Nacht sanken wir in mein, für mich zu kurzes und für zwei Personen viel zu schmales, Bett und schliefen ohne einen Gutenachtfick wie die unschuldigen Kinder ein.

Als ich die Augen auftat, war mein Steuermann schon auf Wachgang und dann wurde ich durch Iris davon überzeugt, dass zumindest in ihrem Fall die Theorie vom Überbiss stimmte.

Weil wir durch unser Vorleben in puncto Beziehungen schon ziemlich geläutert waren, entschieden wir uns, ganz dem Zeitgeist der freien Liebe entsprechend, die Angelegenheit als »eine schöne Nacht« zu verbuchen. Zumindest wollten wir nicht vorschnell handeln und erst einmal abklären, wie unser Gefühlsleben jetzt auf die anderen Beteiligten reagierte. Iris wartete auf Peters Rückkehr und ich fuhr wieder zu Ursula. Sie hatte mich zu ihrem Geburtstag eingeladen und wir wollten mit einem befreundeten Pärchen feiern. Als ich eintraf, steckte sie noch voll in den Vorbereitungen und sagte zu mir, ich solle mir schon ein Bier genehmigen. Sie würde zum Krämer fahren, um noch einige Sachen zu besorgen. Als sie aus der Tür war, befiel mich ein unerklärliches Unbehagen, das sich schnell steigerte. Ich musste sofort aus dieser Umgebung heraus, sonst würde ich davon erdrückt werden.

Aber an Ursulas Geburtstag einfach so verschwinden? Konnte ich das machen? Andererseits konnte ich es momentan auch schlecht ausdiskutieren. Ich ahnte, dass ich jetzt fertig mit ihr war. Vielleicht hatte mir Iris einen Virus verpasst, gegen den mein Immunsystem machtlos war. Ich wusste es nicht. Ich musste weg.

Meine Karre war durch einen Kabelbrand beschädigt worden und so war ich mit dem Zug angereist. Um Ursula nicht zu begegnen, musste ich einen Umweg zum Bahnhof nehmen. Wie ein Dieb schlich ich mich weg und fühlte mich in der Bahn sehr erleichtert. Dieses Kapitel war für mich abgeschlossen.

Ich traf mich ab und zu mit Sandra. Wir gingen essen, manchmal schlief ich bei, aber nicht mit ihr, denn sexuell zogen wir nicht die letzte Konsequenz. Ihre Erklärung dafür war der Abnabelungsprozess von ihrem Freund. Sie wisse nicht genau, ob sie ihn noch liebte. Ich vermute, sie wollte mich alten Sack, denn sie war mindestens zehn Jahre jünger als ich, nur als Einsamkeitsvertreiber nutzen.

Sandra und ich waren bei Andy zur Geburtstagsfeier eingeladen. Er hatte massive Probleme mit dem Altern und das war ein Anlass für Bille, Tetsche und Gesa, sich etwas einfallen zu lassen. Sie erschienen komplett schwarz gewandet. Selbst einige Zähne hatten sie sich geschwärzt. Es sah aus, als ob sie Zahnlücken hätten. Ihr Geschenk war eine schwarz gespritzte Palme in einem Sarg. Ich war bereits vor Ort, Sandra wollte nachkommen.

Iris hatte mir vor einiger Zeit geschrieben, dass Peter einige Wochen in Deutschland bleiben wolle, um ihre Beziehung zu festigen, also hatte ich sie viel zu lang nicht gesehen und sie ging mir nicht aus dem Kopf. Just an Andys Geburtstag fuhr Peter wieder nach Norwegen und Iris wollte mich noch in der Nacht bei Andy anrufen, um mir mitzuteilen, ob sie bei Peter blieb oder ob es mit ihm aus war. Ich hatte mit ihr abgemacht, ihr ebenfalls heute zu sagen, ob ich endgültig das Kapitel Ursula abgeschlossen hätte.

Wir saßen am Grill und ich drehte gerade einige Würstchen, als Sandra über die Holzbrücke ging. Ich starrte in ihre Richtung, denn sie war nicht allein. Neben ihr war eine weitere Frau mit blonden Haaren. Es war Ursula! Nun war guter Rat teuer. Es stellte sich heraus, dass Ursula wieder mit mir anbändeln wollte. Was sollte ich tun? Ich hatte Sandra versprochen, ihr ein bisschen die Gegend zu zeigen. Im Besonderen natürlich das Brack. Also sagte ich möglichst sachlich: »Wir kommen gleich wieder. Sandra möchte sich das Brack anschauen.«

Wir schlenderten dann in Richtung Wasser. Es dämmerte langsam und blutrot ging die Sonne unter. Aus der Ferne hörten wir Stevie Winwoods ›Talking Back to the Night‹.

Plötzlich fiel sie über mich her. Traps, traps, signalisierte die Nachtigall. Wenn man auch anderweitig begehrt wird, steigert das bekanntlich den Marktwert. Eigentlich wollte ich weder mit Sandra noch mit Ursula etwas zu tun haben. Dieses blöde Hin und Her nervte mich allmählich. Der Angriff von Sandra hatte mich erschreckt. Ich ging nicht darauf ein und wir begaben uns wieder zurück zu den anderen.

Mittlerweile hatte sich Ursula in ihrer Verzweiflung auf Andy gestürzt, der davon nicht begeistert war, denn er hätte liebend gern mit mir getauscht. Andy stand auf ganz junge Mädchen. Seine Devise war: je jünger, desto besser.

Ich versuchte, möglichst neutral zu agieren und fühlte mich nicht wohl in meiner Haut.

»Udo, da ist jemand für dich am Telefon.«

»Wer?«

»Eine Iris«, sagte Andy extra laut.

Sandra und Ursula schauten sich an.

Mir wurde flau im Magen. Ich nahm den Hörer. Die Musik war draußen so laut, dass niemand hören konnte, was ich mit Iris besprach.

»Hallo, hier ist Udo.«

»Hallo Udo. Wie ist die Party?«

»Ja, äh, gut. Ja, ja ganz gut. Und bei dir, was hast …«

»Udo, ich bin mir ganz sicher. Ich will mit dir zusammen sein. Ich hab ständig an dich gedacht.«

Mich durchströmte ein heißes Gefühl. Ich war erleichtert und glücklich.

»Das ist ja weltklasse. Mir ging es genauso. Ich will nur dich. Kommst du morgen nach Feierabend vorbei?«

»Ja, komme ich. Ich freu mich.«

»Ich auch. Ciao.«

»Ciao!«

Ich war im siebten Himmel. Ich freute mich darüber, dass mein Minderwertigkeitskomplex kräftig Dresche bezog und dass ich mich vom Rein-in-die-Kartoffeln, Raus-aus-den-Kartoffeln verabschieden konnte. Ganz entspannt legte ich mich auf das behelfsmäßige Lager, das Andy mir hergerichtet hatte, um meinen Führerschein nicht zu gefährden, der in Verbindung mit dem Taxischein einen hohen Stellenwert hatte. Sandra legte sich neben mich. Jetzt konnte ich den Zierspieß umdrehen und mit Iris-Gedanken im Kopf ihren Avancen leicht widerstehen. Ursula saß auf Andy.

56

Hin und Her
Und dann kam Peter

Es begann eine schöne Zeit mit Iris. Obwohl wir sehr verliebt schienen, was uns Freunde und Bekannte immer wieder bestätigten, waren wir vorsichtig mit Verpflichtungen und Versprechungen. Wir wollten es locker angehen lassen und erst sehen, wie sich unsere Beziehung entwickelte.

Iris freundete sich mit Renate und Ronald an, wir trafen uns, kochten zusammen, tranken zusammen und führten viele nächtliche Diskussionen.

Das ›La Sepia‹ freute sich über unseren Umsatz, denn wir aßen jeden dritten Tag dort.

In der Kneipe ›Frank und Frei‹, die aus gegebenem Anlass eine große Leinwand aufgebaut hatte, sahen wir uns den ›Rockpalast‹ mit Prince an, um anschließend morgens gegen sechs Uhr mit dem Fahrrad von Hamburg nach Hinterbrack zu fahren. Während der Tour und beim Schwimmen im Brack reinigten wir uns vom Dreck der Nacht und liebten uns zwischen den Apfelbäumen.

Iris hatte ihr WG-Zimmer in Buxtehude und ich meine Hamburger Wohnung. Wir pendelten nach Lust und Laune zwischen beiden Behausungen hin und her.

Ich saß in Iris' Zimmer. Es war dunkel geworden und ich schaute durch die Fenster, die selbstverständlich nicht gardinenverhangen waren, auf die gegenüberliegende Häuserzeile in der Fußgängerzone. Iris war sich frisch machen gegangen. Ich las den ›Spiegel‹ und drüben saßen die Menschen und sahen fern oder lasen ebenfalls. Das waren vielleicht zwölf Meter Luftlinie bis dorthin.

Dort drüben, schräg gegenüber, bist du geboren, dachte ich.

Was alte Häuser im Laufe der Jahrzehnte und Jahrhunderte so alles zu sehen bekamen.

Eine Viertelstunde später quietschte die Tür und Iris baute sich vor mir auf. Das Einzige, was sie trug, waren Strapse, Nylons und Fuck-me-shoes. Was für ein göttliches Weib sie doch war. Ihre Beine, lang, schlank und mächtig, reichten bis zum Andromedanebel. Was für ein Temperament und was für eine Skrupellosigkeit. Es war ihr scheißegal, ob jetzt von drüben jemand eine Gratis-Peepshow entweder genoss oder darüber pikiert war. Iris hatte etwas Exhibitionistisches. Mein Steuermann platzte fast vor Erregung und dann folgte eine heftige Vögelei. Ich bedankte mich bei den Erfindern von Dessous und genoss den Anblick. Ein dreifach' Hoch auf den Voyeurismus und den Fetischismus!

Als wir uns ausgetobt hatten, fragte sie mich: »Möchtest du einen Jack Daniels auf Eis?«

»Würde mich nicht stören.«

Das Leben bot so einiges. Sie holte Eis und schenkte großzügig ein. Wir waren beide großzügig, besonders beim Geldausgeben. Das konnte zu Problemen führen. Darüber machten wir uns aber keine weiteren Gedanken.

»Iris, da drüben bin ich geboren. Stell dir mal vor, die Zeiten könnten sich überlagern. Dann würde ich drüben als Kleinkind stehen und zugucken, wie wir es hier treiben.«

»Du bist verrückt.«

»Stört es dich nicht, wenn einer der Geier von drüben zusieht?«

»Wenn er Spaß dabei hat. Es ist mir egal.«

Sie war halt großzügig.

»Ich hab keine Lust mehr, in dieser blöden Singer-Filiale mein Leben zu verschwenden, Udo. Die Arbeitszeiten sind scheiße und es gibt viel zu wenig Geld für die Schufterei.«

»Ja, mein Schatz, der Weisheit letzter Schluss ist das nicht.«

Iris war eine Frau, die richtig ranklotzen konnte und keine Arbeit scheute. Sie war wirklich dynamisch und hatte ein großes Organisationstalent.

»Ich komm auch nicht mehr mit der Kohle aus«, sagte ich. »Durch die Möglichkeit, bei dir pennen zu können, würde es sich wieder lohnen, in den Semesterferien Taxi zu fahren.«

»Ja, mein Schatz, das kannst du. Solange, bis Peter wieder aus Norwegen zurückkehrt.«

So fuhr ich wieder mit dem Taxi durch die Gegend und wir genossen jede Minute, die wir zusammen sein konnten. Dann kam Peter. Wir hatten vereinbart, dass Iris Peter auf schonende Art und Weise klarmachen sollte, dass wir jetzt liiert wären. Iris sagte, sie müsse eine Woche auf eine Messe und würde danach mit Peter sprechen.

Ich jobbte beim NDR und hatte einiges mit einer Hausarbeit im Fach BWL zu tun. Das Thema Konsumentensouveränität fand ich sehr interessant. Es machte mir Spaß, mich damit auseinanderzusetzen.

Iris wollte am Freitagabend nach Ende der Messe zu Renate und Ronald kommen. Wir hatten uns dort verabredet und wollten mit den beiden zusammen essen. Ich hatte mich als Koch für »Lusitanisches Huhn« angeboten. Das Essen schmorte vor sich hin, Renate und ich hatten uns schon ein bisschen eingetrunken und warteten. Ronald kam von einer politischen Veranstaltung nach Hause und fragte: »Wo ist denn Iris? Ist sie noch nicht da?«

»Die steckt bestimmt im Stau. Freitags ist die Kacke doch immer am Dampfen auf der Autobahn«, sagte Renate.

Iris kam nicht. Sie war jetzt eine Stunde überfällig.

»Ich sterbe vor Hunger«, sagte Ronald.

»Iss doch erstmal den Salat und etwas Brot.«

»Das ist eine gute Idee«, sagte Ronald und wir begannen zu essen.

Mir wollte es nicht so recht schmecken, denn ich hatte das Gefühl, dass etwas Unangenehmes in der Luft lag. Nach eineinhalb Stunden Wartezeit sagte Ronald etwas verärgert: »Ich brauche was Deftiges zwischen die Beißerchen, wo ist jetzt deine Frau?«

»Wenn Iris was dazwischen gekommen ist, hätte sie längst angerufen«, sagte Renate.

»Ja, sie steht im Megastau und kann kein Telefon erreichen. Es ist nicht ihre Art, die Leute hängen zu lassen. Iris ist verlässlich«, gab ich zu bedenken.

Wollte ich sie in Schutz nehmen oder wollte ich mich selbst beruhigen? Es wurde immer später und ich stocherte lustlos im Huhn herum. Iris rief nicht an und kam auch nicht vorbei. In mir mischten sich Wut und Ahnung: »Wenn dir nichts passiert ist, kannst du mich am Arsch lecken, meine Liebe.«

Einige Tage später erhielt ich einen Brief von ihr. Peter – der Sack – hatte sie auf der Messe mit einem riesigen Rosenstrauß überrascht und ihr das Angebot gemacht, mit ihm zusammen in Norwegen zu arbeiten. Dabei würde sie richtig abkassieren können, denn die Norweger wurden durch das Öl immer reicher und waren in geschäftlichen Dingen noch etwas naiv. – Peter verscherbelte jede Menge Anzeigen für das norwegische Branchenbuch. Er kannte keine Gnade, er war der Prototyp des Außendienstlers, ein bissiger Treppenterrier. – Sie sei jetzt dabei, Norwegisch zu lernen. Die Entscheidung sei ihr nicht leicht gefallen, aber sie habe absolut keinen Bock mehr auf die Singer-Filiale. Es sei eine wunderschöne Zeit mit mir gewesen.

»Junge, reg dich nicht auf«, beruhigte ich mich, »wer nicht will, der hat schon. Schieß sie zum Mond. Sie hat dich nicht verdient. Es gibt so viele Frauen auf der Welt. Diese blöde Kuh. Was bildet die sich ein?«

Mir war klar, dass Wut das beste Gegenmittel gegen Traurigkeit war, aber Iris war mir alles andere als egal.

Ich stürzte mich ins Studium und lungerte bei Herrn Tiel herum. Ich musste mich ablenken. Aber wenn ich abends in meiner Bude hockte, wurde es schlimm und so ging ich wieder öfter in Kneipen.

Um die Ecke war das ›Zartbitter‹. An Essen im Moment nicht sonderlich interessiert, ging ich an diesem Abend hinein, um mich mit einem Croque zu bescheiden und ein paar Pils zu trinken.

Am Tresen saß ein riesiger Bursche in Leder. Neben ihm hockte ein blutleeres Jüngelchen. In einer Ecke saßen drei Wollknäuel, aus denen unten klobige Schuhe herausguckten. Ich glaube, sie waren weiblichen Geschlechts. Am Tisch daneben saß ein Kommilitone, den ich nur vom Hallosagen kannte, und vertiefte sich in die TAZ und die Frankfurter Rundschau. Er war hager und faltig und sah aus, als wäre er gerade sechsundneunzig Jahre alt geworden. Ein ewiger Student, der von der Weltrevolution träumte.

Der Lederkerl erhob seine heisere, versoffene Stimme und fragte das Jüngelchen in breitestem Hamburger Dialekt: »Sach ma Alder, hassu ma ne Zigaredde da?«

Bis dato war mir nicht aufgefallen, dass Hamburgisch mit dem Arabischen verwandt ist. Man musste es nur anders betonen und ein bisschen anders aussprechen: »Sac*h*ma« mit Kehllaut, »hass*u*ma« mit Betonung auf der zweiten Silbe.

Oder die noch prägnantere Wendung: »Hassu das?«

»Ja, habbas.«

»Hass*u*das?«

»Ja, hab*b*as.«

Das Jüngelchen gab mit dünner Stimme Antwort: »Du, Alter, ich rauch gar nich'«

»Was, wieso rauchs du nich? Du has wohl ne schwache Lunge, wa. Du soss jetz Zigaredden holn!«

»Ich hab gar kein Kleingeld fürn Automaten.«

»Ich werd dir hier gleich was bei Kleingeld. Hopp, hol Zigaredden. Aber Camel ohne, bidde.«

»Ja, ja, ich geh ja schon.« Sprach 's und holte Zigaretten.

»Siehsu, geh doch. Ja, ja heiß übrigens: Leck mich am Arsch, nä. Maxe, mach dem Lüdden ma n Bier, der is in Ordnung. Gehd auf mein Zeddel.«

Ich dachte über Konsumentenverhalten nach. Waren wir nicht allesamt unsouverän, auch wenn wir uns dem Mainstream verweigerten? Fügten wir uns nicht alle in unsere vorgegebenen Muster ein? Waren die Brotbeutel- und Postsackdamen nicht konsequent auf Schafwolle und Birkenstock? Selbst ich war nicht frei, denn Reebok-Turnschuhe waren ganz schön teuer. Von meinen Cowboystiefeln der Marke ›Tony Mora‹ ganz zu schweigen. Nicht das Sein bestimmte das Bewusstsein. Es musste heißen: »Design bestimmt das Bewusstsein«.

Auch der zeitunglesende Kommilitone, in seinen konsequent beschissenen Klamotten, war Konsument. Er konsumierte »Ismen«. Wie es aussah, waren Sozialismus und Kommunismus seine Lieblingsspeisen. Er überfrass sich regelmäßig, denn er hatte nie weniger als vier Zeitungen bei sich. Ein wahrer Gourmand.

Ich vermutete, er las so viel, um nicht über sein jämmerliches Dasein nachdenken zu müssen. Andere Traumtänzer konsumierten Religionen, die mit unserer westlichen Welt nichts zu tun hatten. Sie kasteiten sich, was vordergründig wie Konsumverzicht aussah, um sich dann mit einem Longdrink, gemixt aus frischem Buddhismus mit gutem, alten Schamanismus, einen schweren Kopf zu holen. Sie sahen auch immer verkatert und krank aus. Oft waren sie Vegetarier und waren so dünn, dass man Angst hatte, sie würden von jedem Windzug weggeweht. Wenn sie überhaupt nichts mehr begriffen, mussten sie sich an die Scientology halten. Dort wurden sie dann als Arbeitssklaven ausgebeutet.

Selbst die Vertreter der Hamburger Parteien, die im Senat waren, konsumierten »Ismen«, und einige von denen sogar Religion.

Ein Stück nicht mehr ganz frischen Sozialismus an gut abgehangenem Konservativismus. Das aßen die alten, festgefahrenen SPDler.

Die GALler schlugen sich den Bauch mit reifem, altem Utopismus an Sozialismus mit einer grünen Soße aus Naturalismus voll. Gekocht von Jean Jacques Rousseau.

Die CDUler beruhigten ihren Magen mit Christentum, das schon Hautgout hatte, und fettem Konservativismus.

Die Kaufleute, die Pfeffersäcke, in Hamburg oft der rechte Flügel der SPD, labten sich am Kolonialismus, der allerdings mit Calvinismus versetzt war, um nicht zu Völlegefühl zu führen.

Und was konsumierte die FDP? Natürlich etwas, das nach Nichts schmeckte. Ein fades liberales Süppchen ohne Salz, angerührt im Kochwettbewerb zwischen Thomas Hobbes und John Locke. Serviert von John Rawls und Milton Friedman.

Und die extremen Splitterparteien hielten sich an die Farbenlehre. Je nach Couleur gab es dort braune Kuchen mit Schokoladensoße oder Rote Beete mit Ketchup.

Wir lebten im Zeitalter des totalen Konsums und waren alles andere als souverän. Waren wir so entfremdet, wie Marx es behauptete? Was träumten die Menschen in dieser Kneipe? Was wollten sie wirklich? Was steckte in diesen Wollknäueln dort drüben? Träumten sie davon, in Stonehenge bei Vollmond gemeinsam zu menstruieren, oder wollten sie nicht doch ein trautes Heim mit englischem Rasen im Speckgürtel von Hamburg? Wollten sie vielleicht doch einige Kinder rausdrücken, um sich dann als Glucke zur Ruhe zu setzen?

Stand der manische Leser im Traum auf den Barrikaden und rief die Weltrevolution aus, oder war er insgeheim ein geachteter Pfeffersack?

Der Ledermann glitt im Geiste wahrscheinlich gerade auf seiner Harley über den Highway, um sich mit Peter Fonda und Dennis Hopper zu treffen.

Und das Jüngelchen? Ich schätzte, es träumte, es wäre Marcello Mastroianni und würde zwischen Anita Ekbergs Titten versinken.

Und wovon träumte ich? Ich träumte von Iris.

FÜNFZEHN

57

Kiez

»Guten Tag, Herr Pastor, was macht die liebe Sünde?«

Einen Kilometer von meiner Wohnung entfernt lag der Kiez. Die Reeperbahn. Die sündige Meile. Obwohl mir völlig klar war, dass hinter den Tempeln der Lust auch das Elend und das Verbrechen herrschten, übte diese Straße eine große Faszination auf mich aus. Wenn ich bei der Haltestelle St. Pauli aus der U-Bahn ausstieg und die Reeperbahn im gleißenden Licht erstrahlte, lockte die Mischung aus Sinnlichkeit und Sumpf.

Auf der linken Straßenseite begann die Bebauung mit dem Chinarestaurant ›Mandarin‹. Dann kam die ›Music City‹ und gleich nach der Querung einer Seitenstraße folgte das Operettenhaus. Hier trug die Meile zwar den Namen »Spielbudenplatz«, die Touristen nannten sie aber auch schon »Reeperbahn«. Ein Stück weiter befand sich das ›Panoptikum‹, ein Wachsfigurenkabinett. Ab und zu ging ich in die Funk- und Soul-Disco ›Aftershave‹ am Spielbudenplatz Nr. 7, um meine zweifarbigen ›Toni-Mora‹-Stiefel auszuführen, die ich zwei Häuser weiter bei ›Paul Hundertmark‹ käuflich erworben hatte. Über die nächste Querung kam dann eine große Peepshow, in die mich mein Steuermann manchmal führte.

Obgleich es mich in den Wichskabinen ekelte, ging ich hinein. Mit dem Wissen, dass für den Einwurf harter Deutscher Mark die Fensterklappe hochfuhr und den Blick auf alle Farben und Formen, die Mutter Natur ihren Töchtern geschenkt hatte, freigab, konnte ich der Verlockung nicht widerstehen. Als Voyeur passte ich hervorragend in unsere postmoderne Zeit. Die Vielfalt war überwältigend! Natürlich war so ein Besuch höchst schizophren, denn der Kapitän war damit gar nicht einverstanden – aber war nicht die ganze Meile schizophren? Gerade dieses Gespaltene machte den Zauber aus. In der Peepshow ging es so schön anonym zu. Man musste nicht mit dem Objekt der Begierde in Kontakt treten. In den Puff hätte ich nicht gehen können, denn dort trat man mit einem Menschen, den man sich für einen Augenblick der Lustbefriedigung gekauft hatte, persönlich in Kontakt. Das hier war etwas, das sich zwischen echtem Leben und einem Film einordnen ließ.

Die Frauen auf den sich drehenden Scheiben reagierten ganz unterschiedlich auf ihren Job. Manche Mimik drückte lustlose Diensterfüllung aus. Andere Damen wiederum verbanden das Praktische mit dem Nützlichen. Sie verrichteten ihre Arbeit als gleichzeitige Körperertüchtigung und hielten sich durch Übungen, die zum Teil große Gelenkigkeit erforderten, fit und schlank. Wenn man Glück hatte, geriet man an die Mädels, die hier ihre exhibitionistische Ader auslebten.

Nun hatten die Peepshow-Architekten beim Entwurf ihrer Wichsbuden anfangs nicht daran gedacht, dass es einem Kunden ziemlich unangenehm war, wenn er auf der gegenüberliegenden Seite seinen Leidensgenossen glotzen sah. So bescheuert siehst du also auch aus, wenn du mit geilem Blick durch das Fenster schaust, musste er dann wohl denken. Noch unangenehmer wäre es, das Gegenüber zu kennen.

»Hallo Peter, wie läuft es mit deiner Doktorarbeit?«

»Herr Schulze, haben Sie schon viele Kunden in Ihrer neuen Weinboutique begrüßen können?«

»Guten Tag, Herr Pastor, was macht die liebe Sünde?«

Auch die Blicke der Damen auf den Tellern mochte man nicht haben.

Also wurden alle Scheiben verspiegelt. Wenn man aber vor den Kabinen jemanden traf, den man kannte, gab es stille Übereinkünfte: Ich habe dich nicht gesehen und du mich nicht.

Nach dem Sankt-Pauli-Theater folgt die »Polizeiwache der hohen Stühle«, so genannt wegen der rüden Praktiken der dortigen Angestellten. Wenn jemand hart rangenommen wurde, hieß es, er wäre vom Stuhl gefallen. Die Davidwache lag an der Ecke der gleichnamigen Straße. Hier standen die Bordsteinschwalben vor dem Restaurant ›Wienerwald‹, dem Plastikhähnchenkrematorium. Bei kalter Witterung waren sie in Ganzkörperkondomen der Marke ›Rosi Mittermeier‹ verpackt. Man passierte beim Weiterschlendern Pizzabuden und Werkzeugläden, in denen sich die SMler mit ihren speziellen Spielzeugen eindeckten.

Dann kam der Hans-Albers-Platz, wo sich das ›Chicago‹ befand. Hier kehrte ich manchmal nach einer Mucke ein, um ein bisschen Gangsterluft zu schnuppern und handgemachte Musik zu hören. Ab circa drei Uhr morgens spielten hier Rockbands. Rocky, der Irokese, arbeitete dort als Türsteher. Er war ein berühmtes Hamburger Original, seine Frisur hatte ihm den Spitznamen eingebracht, aber das Besondere an ihm waren die Tätowierungen. Er war komplett vom Irokesenschweif bis zur Fußsohle tätowiert. An den Weichteilen von Ohren und Nase reihte sich Ring an Ring. Sehr konsequent, wie ich fand, eine kompromisslose Botschaft an die normale Gesellschaft: »Mit euch möchte ich nie wieder etwas zu tun haben!«

Er trug bei seinem Job einen Zylinder und einen weißen Schal. Elegant öffnete er den Gästen die Tür und wurde großzügig mit Trinkgeld bedacht. Die verkehrende Klientel war eine Mischung aus Luden und ihren Mitarbeiterinnen, Touristen, Ortsansässigen und Musikern. Der Wirt war Ringo Klemm, der Pate vom Hans-Albers-Platz.

Wenn ich mal einem Besucher aus anderen Bundesländern etwas Seemannsatmosphäre bieten wollte, ging es in den ›Silbersack‹ in der Silbersackstraße. In dieser Kneipe, die seit den 50er-Jahren keine Veränderung des Interieurs erfahren hatte, stand Tante Erna, die Wirtin, hinter dem Tresen und schenkte

Bier in Flaschen aus. Am Samstag spielte Hein auf dem Schifferklavier. Mit ein bisschen Fantasie und einem Quäntchen Sprit in der Birne war man dann Hans Albers höchstpersönlich. Angenehm waren hier auch die Gäste, die selten aggressiv drauf waren.

Weiter oben auf der linken Straßenseite kannte ich mich wenig aus, weil da, wenn ich mich recht erinnere, wieder Boutiquen und Werkzeuggeschäfte dominierten.

Auf der anderen Straßenseite bog die ›Große Freiheit‹ mit ihren Stripclubs ab. Vor den Türen der Clubs standen die Koberer. Wenn man hier vorbei ging, hörte man so was wie: »Hier Fickschau, alles live«.

Ich fragte mich immer, wie die männlichen Akteure in diesen Shows so lange ihren Steuermann auf Kurs hielten. Die mussten doch irgendetwas schlucken.

Ein Stück die ›Freiheit‹ herunter befand sich der legendäre ›Kaiserkeller‹, wo einst die Beatles spielten. Wir hatten bei einer Wiedereröffnung des Ladens mit unserer Rockcoverband dort gespielt und fühlten uns dabei sehr sanktpaulianisch: »Da, wo einst die Beatles auftraten, haben auch wir gastiert.« Ein Filmteam nahm uns für Kinowerbung auf und ich ging dann, ansonsten kein großer Kinofan, ins Lichtspielhaus, um mich auf der Leinwand zu sehen. In der Pause zwischen den Sets schlenderte ich mit Andy durch den nahen Kontakthof, wo wir für die Nutten ein gefundenes Fressen waren. Zwei frisch gewaschene, junge und schlanke Bürschchen, die wir waren.

»Baby, ich muss gleich wieder auf die Bühne, vielleicht später«, sagte ich und spürte ein Zugehörigkeitsgefühl zum Milieu.

Wenn man am ›Kaiserkeller‹ vorbeiging, stieß man nach der nächsten Querstraße auf den ›Span‹, die Diskothek ›Grünspan‹. Hier hatten wir schon in den 70er-Jahren herumgelungert. Geboten wurde ehrliche Rockmusik, zu der sich meist Mädels auf Podesten dem Headbanging hingaben.

Wenn man wieder auf die Reeperbahn zurückkehrte und weiter zurück in Richtung U-Bahn-Station St. Pauli ging, dominierten Spielhallen und Pornokinos mit Wichskabinen. Beim Durchstreifen dieser Kinos las ich den witzigsten Filmtitel des gesamten Genres. Im Analregal stand ein Videofilm mit dem Titel ›Letzter Halt: Darmstadt‹. Einfach genial.

Eine derbe Milieustudie bot noch ›Der goldene Handschuh‹ am Hamburger Berg. Die letzte Zuflucht der Gescheiterten. Hier hatte sich der Frauenmörder Fritz Honka Anfang der 70er seine Opfer ausgesucht. Ausgediente, ausgemergelte Prostituierte, die nicht mehr wählerisch sein konnten, denn Honka war wirklich eine hässliche Erscheinung gewesen. Er hatte die Mädels umgebracht und in handliche Stücke zerteilt. Die Kneipe wurde von uns deshalb »Honka-Stube« genannt.

58

Renaissance
Ich kann mich nicht mehr bewegen – Krankheit als Weg?

Ich saß in Buxtehude im Taxi und war hundemüde. Ein Kollege war ausgefallen und ich war für ihn eingesprungen. Das hieß, ich hatte achtzehn Stunden auf dem Bock gesessen und war auf dem Weg zur Zentrale, um die Karre abzugeben. Es war gegen siebzehn Uhr dreißig und ich fuhr die Bahnhofstraße in Richtung Altkloster entlang. In der Ferne kamen zwei Frauen die Hauptstraße hinunter, von denen eine der beiden wie Iris aussah. Als ich näher kam, erkannte ich Iris und Sabine, das Mädchen, dem ich einst die Flugenten gebraten hatte.

Ich stieg auf die Bremse, kurbelte das Fenster herunter.

»Hallo, wie gehts denn so? Wo kommt ihr denn gerade her?«

Ich musste aufpassen, dass meine Stimme nicht zitterte. Ich war total aufgewühlt von Iris' Anblick.

Sie wurde auch plötzlich ganz blass und Sabine sagte: »Wir kommen gerade vom Tanztheater. Fängst du deine Schicht an, oder hast du Feierabend?«

»Ich habe gerade achtzehn Stunden in dieser Kiste verbracht und habe einen Mörderhunger.«

»Wir könnten bei mir Spaghetti kochen«, schlug Iris vor.

»Bei dir? Und was sagt Peter dazu?«

»Der ist wieder in Norwegen. Ich würde mich freuen, aber du bist bestimmt zu müde, was?«

»Nö, können wir machen, schlafen kann ich noch genug, wenn ich tot bin. Ich muss mal eben zum Abrechnen fahren. Ihr könnt schon einkaufen gehen, wenn ihr Lust habt. In einer halben Stunde bin ich zurück.«

»Ja, komm. Wir gehen einkaufen. Bis gleich.«

»Ciao«, sagte ich und gab Gas.

Beim Abrechnen in der Zentrale musste man sich gut konzentrieren, um sich nicht zu verrechnen. Ich kriegte den Scheiß kaum auf die Reihe vor lauter Aufregung und Müdigkeit. Wenn ich von vorn bis hinten beschissen worden wäre, ich hätte es in diesem Moment nicht gemerkt.

Nach einigen Wochen betrat ich nun wieder die Wohnung und das Zimmer, wo wir es getrieben hatten. In meinem Herzen machte sich diese herrliche Spannung breit. Das Gefühl, wenn man nicht wusste, was man erwarten konnte. Wenn man nicht wusste, was in den nächsten Stunden geschehen würde. Ich war eindeutig verliebt. Ich kochte meine legendäre Bolognese mit reichlich Knoblauch und als wir gesättigt waren, begaben wir uns aus der Küche in Iris' Zimmer.

»Was macht ihr eigentlich so beim Tanztheater?«

»Jazzdance.«

»Kann ich mir nichts drunter vorstellen.«

»Das kann man schlecht erklären.«

Sabine und Iris sahen einander an.

»Wollen wir?«

»Können wir machen«, sagte Iris, und an mich gewandt: »Wenn du Lust hast, können wir dir was zeigen. Wir könnten dir vortanzen, was wir die letzten Monate eingeübt haben.«

»Ja, aber hallo, ich bin ziemlich gespannt!«

Sabine und Iris verteilten Kerzen im ganzen Raum und zündeten sie an. Ich bekam einen großen Jack Daniels auf Eis und durfte es mir auf dem Bett bequem machen. Iris legte eine Platte von Vangelis auf und es ging los. Mir wurde eine Tanzdarbietung gezeigt, bei der es sich meist um geschmeidige und fließende Figuren handelte. Diese Bewegungen passten sehr gut zu der sphärischen Musik.

Wer hatte schon das Glück, in einem Zimmer in intimer Atmosphäre so eine Show verfolgen zu dürfen und zudem noch so versorgt zu werden? Wie professionell dieses Tanzstück war, konnte ich als Genrefremder keineswegs beurteilen. Darum ging es aber nicht. Für mich war es zauberhaft. Die beiden tanzten zwei LP-Seiten durch und sanken dann erschöpft auf den Teppichboden. Klatschen wäre ein Sakrileg gewesen.

»Mädels, das war der Hammer. Ich bewundere euch. Könnt ihr mir mal erklären, wie man das alles behält?«

»Wenn man das ein paar Monate lang jede Woche für einige Stunden macht, dann ist es irgendwann so drin, dass man nicht mehr zu denken braucht«, keuchte Sabine.

Ich legte mich zu den beiden Engeln auf den Boden.

»Ihr seid ganz groß. Wann wird das aufgeführt?«

»In vier Wochen auf der Bühne der Halepaghen-Schule.«

»Da komm ich aber vorbei.«

»Du kannst noch einigen Freunden Bescheid sagen. Die anderen Tänzerinnen und wir brauchen Erfolg und Publikum, um neue Power für weitere Projekte zu bekommen. Immer nur im Übungsraum zu tanzen, ist auf die Dauer reichlich öde.«

»Ich geb mein Bestes beim Mobilisieren.«

Ich lag zwischen den beiden und hatte sie links und rechts in den Armen.

Das erlebt doch nicht jeder, oder?, fragte ich mich. Irgendetwas musste doch an mir dran sein, sonst würde mir doch so was nicht passieren.

Wir hörten Weichspüler von Chris Rea. Sabine fühlte und wusste es wahrscheinlich auch, dass Iris und ich was am Kochen hatten.

»Jetzt werd ich ganz schön müde. Ich glaube, ich gehe nach Hause. Ich ruf dich morgen an, Iris.«

Sie erhob sich, zog sich die Jacke an und schloss leise die Tür.

Iris hatte ›Foreigner‹ aufgelegt und mein Kopf lag beim Lauschen in ihrem Schoß. Als die Oberschnulze ›I Want To Know, What Love Is‹ durch den Raum waberte, kullerten ihre salzigen Tränen auf mein Gesicht und meine Lippen. Der Augenblick war magisch und tief. Ich fühlte ihren innerlichen Konflikt, zog sie zu mir herunter und küsste sie. Das Eis war gebrochen.

Wir zogen uns in olympischer Geschwindigkeit aus und ich drang in sie ein. Plötzlich schrie sie auf: »Udo, ich kann mich nicht mehr bewegen. Alles tut weh!«

Mich durchfuhr sofort der Gedanke: Scheidenkrampf! Du bekommst den Burschen nicht mehr heraus. Ich wusste gar nicht genau, ob es das wirklich gab. Den Steuermann herauszuziehen war jedoch kein Problem.

»Iris, wo tut es weh?«

»Überall unten im Bauch und im Unterleib. Vielleicht geht es gleich wieder weg.«

Wie die meisten Frauen war auch Iris nicht wehleidig. Männer waren in der Beziehung eher Jammerlappen, denn sie mussten keine Kinder gebären. Ich sah ihr schmerzverzerrtes Gesicht: »Ich ruf einen Notarzt. Wenn das von allein verschwindet, dann kann man ihn immer noch wieder wegschicken.«

»Ja, mach das, mach das«, stöhnte Iris.

Seit meinem Autounfall war ich nicht mehr so erleichtert gewesen, einen Arzt zu sehen. Die Jungens waren auf Zack. Sie waren schneller vor Ort, als ich dachte.

Iris lag stocksteif und nackt auf dem Bett. Ich durfte sie zwischenzeitlich nur zudecken. Sie konnte sich vor Schmerz nicht bewegen. In diesem Zustand wurde sie auf die Bahre gehievt, zugedeckt und in den Krankenwagen verfrachtet. Ich setzte mich mit in den Wagen und hielt ihre Hand.

Am Krankenhaus angekommen, ging ich mit hinein in die Notaufnahme, ohne einmal ihre Hand losgelassen zu haben. Gleißendes Licht stach wie Pfeile in meine von der Übermüdung geröteten Augen.

Der Arzt hatte bestimmt schon einiges erlebt. Trotzdem guckte er bei unserem Anblick erstaunt und rümpfte die Nase. Was sich ihm bot, waren zwei nach Knoblauch, Alkohol und Zigaretten stinkende Menschen, von denen der männliche Part der beiden mindestens genau so blass wie die Patientin war und zudem Augenringe hatte, als wäre er gerade dabei, einen Wachrekord für das ›Guinness-Buch der Rekorde‹ aufzustellen.

»Gehen Sie doch einmal an die Luft, wir brauchen hier eigentlich nur einen Patienten.«

Ich begab mich nach draußen und zog eine durch. Mein Kopf war völlig leer bis auf die Hoffnung, dass Iris nichts Schlimmes passiert war.

Als ich wieder hineinging, wurde ich darüber informiert, dass Iris schon auf dem OP-Tisch liege, sie noch nichts Näheres sagen konnten und ich in zwei Stunden wieder hier sein solle, wenn ich könne.

»Ja, natürlich. In zwei Stunden bin ich wieder hier.«

Ich rief ein Taxi und fuhr in die Breite Straße, um zu duschen und die Zähne zu putzen. Weil eine Stunde schlafen Quatsch gewesen wäre, saß ich nach gut zwei Stunden schon wieder an

Iris Krankenbett. Das Erste, was sie sah, als sie aus der Narkose erwachte, war mein Gesicht.

»Es ist alles okay. In zwei Wochen bist du wieder gesund.«

Sie sah mich nur an und lächelte schwach. Im nächsten Augenblick war sie eingeschlafen. Iris war dem Tod quasi von der Schippe gesprungen. Eine Zyste in ihrem Unterleib war geplatzt und das Blut war in den Bauchraum gelaufen. Deshalb wurde sie sofort operiert. Ich erinnerte mich an unsere Gespräche über das Buch von Thorwald Dethlefsen und Rüdiger Dahlke mit dem Titel ›Krankheit als Weg‹. Durch das Soziologiestudium ganz auf Skepsis gebürstet, stand ich diesem Gedankengut eher fern. Einige Aussagen und Teile des Werkes waren für mich plausibel. Aber wo sich die Sache inhaltlich in Richtung Reinkarnation drehte, und das wir Schatten, gebildet aus Sünden, mit denen wir uns schuldig gemacht hätten, in unser jetziges Leben mit herübernehmen würden, um heute dafür zu büßen und damit auf den richtigen Weg geführt zu werden, da ging ich nicht mehr mit. Da war mir schon wieder zu viel Christentum drin: »Fühlt euch schuldig, seid demütig und untertänig, damit wir euch besser beherrschen können«.

Dass es ein uraltes, zum Teil verschüttetes Wissen über Krankheiten gibt, dass Seele, Geist und Körper an diesem Geschehen beteiligt sind und dass es Entsprechungen und Zusammenhänge zwischen seelischen Prozessen und Krankheiten mit ihren spezifischen Symptomen gibt, das war für mich einleuchtend. Auch, dass die Sprache auf diese Zusammenhänge hinweist, war mir klar gewesen.

Iris hatte einen seelischen Konflikt und der hatte schließlich zu einer Entzündung geführt, weil sie nicht in der Lage gewesen war, ihn zu lösen. So wies die Zyste sie darauf hin, dass sie sich entscheiden musste.

Ich hatte nach Cindys Abtrünnigwerden Ähnliches erlebt. Erst hatte ich mir den Fuß verstaucht, weil meine zusammengesunkene Körperhaltung ganz meiner seelischen Verfassung entsprach und mir so jegliche Spannkraft zum Schlittschuhlaufen fehlte. Daraufhin hatte ich eine böse Zahnwurzelentzündung bekommen und im Anschluss musste ich mir den Blinddarm entfernen lassen. Entzündungen, soweit das Auge reichte.

Als Iris aus dem Schlaf erwachte, hielt sie meine Hand.

»Du bist mein Mann«, sagte sie.

Damit war unsere Liebe besiegelt.

Ich möchte nicht in Peters Haut gesteckt haben, als er sich nach einer Gewaltfahrt von Nordnorwegen nach Buxtehude an Iris' Krankenbett eine Abfuhr abholte.

59

»Kleinkönigreich« und Portugal
»Sie is' 'ne Städtische geworden.«
Fado, der portugiesische Blues

Nachdem Iris genesen war, verlebten wir eine verliebte Zeit, in der wir uns meist in meiner Wohnung aufhielten und nicht in ihrer. Iris wollte Abstand von den Erinnerungen an Peter gewinnen. Nach einem herrlichen, verliebten Sommer folgte auf einen kurzen Herbst ein kalter Winter.

Meine Wohnung war mit Nachtspeicheröfen ausgestattet. Das Haus war alt und feucht. Bedingt durch die Hinterhoflage gab es nur wenige Sonnenstunden, sodass die Wände nicht genügend erwärmt wurden. Die Öfen schafften es auch nicht, die Hütte warm zu kriegen, und es mussten dauernd die Ventilatoren in den Dingern laufen. Zwar waren die Wände feucht, die Luft war aber durch die Ventilatoren trocken und staubreich. Vielleicht lag sogar Asbest in der Luft. Wir waren ständig erkältet.

Trotzdem waren wir glücklich. Wir schliefen zusammen in meinem viel zu kleinen Bett und hatten dennoch keine Rückenschmerzen. Das war die Macht der Liebe. Wenn wir in die portugiesischen Restaurants am Hafen kamen, erhellten sich die Gesichter der Wirte. Denn wir aßen und zechten, was das Zeug hielt. Iris führte jetzt eine Singerfiliale im Harburger Marktkaufcenter und ich studierte brav. Ab und zu gab es noch Prüfanrufe von Ursula, die sie mit fadenscheinigen Erklärungen begründete. Sie hatten natürlich einzig und allein den Grund, dass Ursula herauskriegen wollte, ob ich noch mit Iris zusammen war.

Wir nahmen uns vor, dass eine Reise in den Süden fällig wäre, wenn wir den Winter überlebten. Von Horst, einem guten Freund, den ich schon aus Buxtehuder Tagen kannte, der um die Ecke in der Sternstraße wohnte, bekamen wir den Tipp, nach Portugal zu fahren. Horst war ein passionierter Portugalfahrer und konnte uns durch seine lebendige, humorvolle Erzählweise richtig heißmachen auf dieses Land. Er hatte dort unten eine Frau kennengelernt und versuchte, jede Urlaubswoche bei ihr zu verbringen. Horst war von Beruf Rechtspfleger. Weil dieser Job in keinster Weise zu ihm passte, denn er war das Gegenteil eines trockenen Beamten, litt er darunter, aber den Job so einfach an den Nagel zu hängen, dazu fehlte ihm wohl noch der letzte Kick. So führte er ein gespaltenes Dasein.

Iris hatte ihrer Mutter vom Frust und der fehlenden Perspektive in der Singer-Filiale erzählt. Die Mutter streckte ihre Fühler aus und besorgte der Tochter eine Außendiensttätigkeit. Der neue Job brachte mehr Geld, Perspektiven, mehr Freiheiten und einen schicken Firmenwagen auch für private Nutzung. Der Nachteil war das ständige Unterwegssein und nervende Hotelübernachtungen. Die Perspektive der Reise nach Portugal gab Iris Kraft zum Durchhalten.

Meine Karre hatte ich an einen Schrauber verkauft, der sie sich wieder fit machte. In Hamburg brauchte ich kein Auto.

Jetzt bot sich uns die Möglichkeit, mit Iris' nagelneuem Golf nach Portugal zu fahren.

Mit zwei Kommilitonen, Burschen, mit denen man einiges anzetteln konnte, wollten wir den Trip nach Portugal durchziehen. Vier Wochen wollten wir unterwegs sein und in der Sonne abhängen. Manni und Bernd wollten in Portugal mit Rucksäcken weiterreisen. Für die Rücktour wollten wir dann wieder zusammentreffen. Weil der Firmenwagen keinen Dachgepäckträger hatte, wollte ich von Tetsche einen ausleihen.

Der hatte Wind davon bekommen, dass wir mit unseren Wohnverhältnissen nicht zufrieden waren.

»Udo, ich habe einen ganz heißen Tipp für euch. Kleinkönigreich wird frei und Mudder Schulze sucht Nachmieter. Ihr müsst aber schnell handeln, weil sonst andere Interessenten dazwischen funken könnten.«

»Kleinkönigreich« lag von der »Villa Königreich« einige Hundert Meter entfernt. Es handelte sich bei dem Objekt um ein Gesindehaus und dieses wurde ebenfalls schon jahrelang als Wohngemeinschaftshaus genutzt.

»Scheiße, wir wollen in drei Wochen nach Portugal fahren. Wie sollen wir das denn auf die Reihe kriegen?«

»Tja, entweder schnell handeln oder den Lungentod sterben. Hell is' es bei dir in der Hütte ja auch nicht gerade. Bei Mudder Schulze wärt ihr in der Natur und es ist hell im Haus.«

»Vielleicht erstmal schnell einziehen, nach Portugal fahren und dann renovieren«, überlegte ich.

»Das wär' 'ne Lösung«, sagte Tetsche.

Iris und ich rechneten die Angelegenheit durch und kamen zu dem Ergebnis, dass wir uns das ganze Haus nicht leisten konnten.

»Wir brauchen noch einen Mitbewohner für die obere Etage. Fällt dir jemand ein?«, fragte Iris.

»Ich hab schon an Horst gedacht«, sagte ich, »der hat sich

doch immer über den Dreck und den Lärm in Hamburg beschwert.«

»Er schwärmt aber auch von den Kneipen, Kinos und den Clubs in der City. Der würde da nie wegziehen.«

»Horst hat doch ein regelmäßiges, gutes Einkommen und bewohnt in Hamburg nur ein WG-Zimmer. Vielleicht kann er sich zwei Wohnmöglichkeiten leisten?«

»Das wäre eine Idee.«

Horst überlegte nicht lange und sagte Ja.

Das war Horst. Ein Mann schneller Entscheidungen.

Dann brachen für uns hektische Wochen an. Erst musste aber Mudder Schulze davon überzeugt werden, dass wir die richtigen Mieter für das Haus wären. Dass Iris den Job bei Singer hatte und Horst Rechtspfleger war, würde meinen Studentenstatus wieder ausgleichen. Es war genau so wie in der Schule. Zwei gute Zensuren in Deutsch und Englisch glichen die Fünf in Mathe aus. So dachten auch die Altländer Bauern.

»Student, na ja, mit den annern beiden geht das denn wohl.«

Mudder Schulze unterschied sich aber sonst doch etwas von Berta aus Hinterbrack. Sie war offener und hatte Iris schnell ins Herz geschlossen. Als wir uns in unseren elegantesten Klamotten bei ihr vorstellten, kamen zum Abschluss des Mietvertrages eine Flasche Köm und das Fotoalbum auf den Tisch. Die Bäuerin zeigte uns ihre Verwandtschaft und es war richtig gemütlich in ihrer Wohnstube. Manchmal mussten wir uns wegen ihrer Ausdrucksweise zusammenreißen, damit sie nicht merkte, dass sie uns zum Lachen reizte, denn dumm war sie keineswegs.

»Guckt mal, dat is miene Schwester. Sie is' 'ne Städtische geworden. Sie is' nach Kiel hingegangen.«

Wir hatten es mit ihr gut getroffen, denn sie hatte das Herz am rechten Fleck. Wir packten unsere Siebensachen zusammen und mithilfe der »Königreicher« war der Umzug schnell gewuppt. Jetzt waren wir komplett urlaubsreif.

Manni und Bernd hatten ihre Rucksäcke auf dem Dachgepäckträger befestigt und wir brieten los.

»Af geihd dat, Jungs«, sagte ich und übernahm die erste Etappe.

Als wir uns auf der A1 kurz vor Bremen befanden, meinte ich, einen Schatten im Rückspiegel gesehen zu haben.

»Scheiße, Jungs, eure Rucksäcke.«

Mein Herz klopfte jetzt sehr schnell. Die Rucksäcke lagen auf der Autobahn und mir schossen Horrorszenarien durch den Kopf. Ich fuhr auf den Standstreifen und die Eigentümer stürzten aus dem Fahrzeug.

»Passt bloß auf, Jungs«, rief Iris.

Nach einigen waghalsigen Manövern hatten die beiden ihre Säcke geborgen.

»Meine Fresse, das hätte ins Auge gehen können«, sagte Manni.

Bis auf ein Bundeswehrkochgeschirr war alles noch vorhanden.

»Die Riemen zum Festzurren sind weg. Ohne sie müssen wir das Gepäck mit ins Auto nehmen. Das kann recht gemütlich werden, dann haben wir auch was zum Kuscheln.«

Bernd hatte immer eine angenehme Ironie in seinen Bemerkungen. Hinten saßen jetzt vier Personen. Manni, Bernd und zwei Rucksacklieschen. Und das bis Portugal. Die Boys haben aber bis Aveiro nicht einmal gemeckert.

Wir bauten unsere Zelte auf einem Campingplatz nahe der Lagune auf, schwammen im Atlantik und spannten einige Tage aus. Dann fuhren wir nach Coimbra, der Universitätsstadt mit einem quirligen, studentischen Leben zwischen geschichtsträchtigen Bauten. Die Universität lag malerisch auf einem Hügel in der Altstadt und strahlte etwas Würdevolles, Majestätisches aus. Wir genossen die Atmosphäre in den Straßencafés bei einer Tasse Bica und einem Glas Maciera.

Iris und ich machten uns auf den Weg nach Lissabon. Manni und Bernd wollten länger bleiben.

»Schätze, die Jungs wollen sich mal nach portugiesischen Studentinnen umsehen«, spekulierte Iris.

»Messerscharfe Analyse, meine Liebste, die Stielaugen waren nicht zu übersehen.«

»Wenn du mich verarschst, verwandle ich mich für den Rest des Urlaubs in eine Nonne.«

»Ich nehme sofort alles zurück, du bist die intelligenteste und attraktivste Frau diesseits des Tejo.«

Ich bekam einen Knuff in die Seite.

»Das war nur eine kleine Warnung. Ich kenne Stellen, wo das richtig wehtut!«

»Ja, ja, ich sag nichts mehr. Du sitzt sowieso am längeren Hebel.«

»Ja, ja, heißt: Leck mich am Arsch.«

»Ja, ja ... aua!«

Lisboa hatte einen morbiden Charme. Die Stadt versetzte uns in eine andere, frühere Zeit. Ich hatte noch nie so viele alte Autos gesehen. Zwischen verrosteten, altersschwachen Karren gab es wahre Schmuckstücke, blank polierte Oldtimer mit offenem Verdeck, in denen Menschen saßen, die sich in ihrem ganzen Outfit ihren Autos angepasst hatten. Die Leute sahen aus wie zu Zeiten Salazars. Wie Großgrundbesitzer in ihren besten Jahren. Als ob die Nelkenrevolution nie stattgefunden hätte.

Der Gegensatz von Reichtum und Armut war in dieser Stadt krass. In manchen Hauseingängen lagen Leute herum, die sich dort für die Nacht eingerichtet hatten. Als wir draußen in einem Restaurant saßen und aßen, stahlen uns zerlumpte Kinder das Brot vom Tisch. Viele Häuser waren dem Zerfall preisgegeben, aber die Altstadt, die Alfama, hatte so viel an herrlicher Melancholie zu bieten, dass zwischen all dem Zerfall eine magische Kraft wirkte.

Niemals vergesse ich den Abend in der Fadokneipe. Die Sängerin hatte soviel Sehnsucht und Wehmut in der Stimme, dass mir die Schauer dutzendweise über den Rücken liefen. Auch Iris bekam Gänsehaut. In dieser Musik, dem Fado, der mit vielen Molltönen und arabischen Elementen durchsetzt ist, lag eine tiefe, schöne Traurigkeit. In ihm zeigte sich die Saudade, die ganz spezifische, portugiesische Form von Weltschmerz. Er war die Grundstimmung dieses Volkes.

»Das ist der portugiesische Blues«, sagte ich.

»Ja, so schön«, seufzte Iris.

Begleitet von einem schweren, roten Dão-Wein, saugten wir die Atmosphäre wie Schwämme auf und froren um die Wette.

Wir hatten uns in Zambujeira Do Mar mit Horst im ›Café Fresco‹ verabredet. Dieser Ort liegt in der Provinz Alentejo an der Atlantikküste und war eine Art Buxtehuder Kolonie. Das ›Café Fresco‹ war eine Bar direkt am Strand, in der sich die junge Szene traf. Am Tag wurde hier ganz brav Siesta gehalten, man genehmigte sich einen Bica oder ein Sagres-Pils, aber abends ging hier die Luzie ab. Verdächtige Gerüche waberten durch die Lüfte.

Horst stellte uns seine portugiesische Freundin vor. Joana war eine hübsche, dunkelhaarige Frau mit einer sehr herzlichen und offenen Ausstrahlung.

Wir feierten die halbe Nacht und sanken dann in unser Zelt auf dem Campingplatz.

Gegen Morgen wurde ich von einem Rumoren im Bauch unsanft geweckt. Montezumas Rache hatte mich voll erwischt. Ich verbrachte einen »gemütlichen« Tag auf einer vollgeschissenen Campingplatztoilette.

Horst sagte, das mit dem Durchfall sei hier nichts Besonderes, das habe jeder zweite Besucher. Sie nannten es die »Touristenkrankheit«.

Als ich mich mit meinem wunden Arsch wieder in die Öffentlichkeit trauen konnte, gingen wir erst einmal einen Happen essen. Portugal gilt als Fischland und das kam uns sehr gelegen. Was wir an diesem Abend genossen, hatten wir vorher noch nie gegessen.

In dem von uns angesteuerten Restaurant klopften die meisten Gäste mit Holzhämmern auf Brettern herum. Bei näherem Hinsehen wurde ich brauner Scheren von Schalentieren gewahr. »Taschenkrebse sind hier die Spezialität«, sagte Horst.

Wir bestellten uns die Dinger und eine Flasche Vinho Verde. Es bedurfte einiger Übung, die Scheren so mit den Hämmern zu bearbeiten, dass man sie praktisch nur anbrach. Wenn man zu stark darauf schlug, hatte man weißes Fleisch mit einer Einlage aus zersplittertem Panzer vor sich. Das war nicht bekömmlich. Im Körperpanzer des Krebses servierte man das köstlichste Senfei. Wenn man den Dreh raus hatte, war der Krebs ein Genuss der Extraklasse.

Nach dem Essen begaben wir uns in eine Disco, in der Iris richtig Gas gab. Meine Schöne ließ ihrem Temperament freien Lauf und tanzte alles an die Wand. Das Publikum stand um Iris herum, applaudierte und ich war stolz wie Oskar.

Es folgten Tage mit erfrischenden Bädern im hier empfindlich kalten Atlantik, Schlemmen am Abend und durchfeierten Nächten.

Die schöne Zeit war viel zu schnell abgelaufen und wir mussten Abschied nehmen, um uns am südwestlichsten Punkt des europäischen Festlandes, am Cabo de São Vicente bei Sagres in der Algarve, mit Manni und Bernd zu treffen. Die Jungen waren fündig geworden und schwärmten von ihren Eroberungen.

Als wir an der siebzig Meter hohen Steilküste des Caps standen und auf das Meer blickten, versicherten wir einander: »Hier sind wir nicht das letzte Mal gewesen.«

SECHZEHN

60

Sat.1
Wieder Blues, dieses Mal beim Tonaffen

Die Ära des privaten Fernsehens war angebrochen und die Sender brauchten Personal. Nobby hatte sich schon abwerben lassen und war Tonassistent bei Sat.1. Durch sein Vitamin B konnte auch ich wechseln, denn es gab dort mehr Geld und die Arbeit beim Ton war wesentlich bequemer. Als Bildassistent war man oft draußen im Regen mit dem Verlegen von schmierigen, dicken und nassen Kabeln beschäftigt. Bei einer Tennisübertragung am ›Roten Baum‹ hat es beim Abbau einmal fürchterlich gestürmt und der Regen peitschte uns ins Gesicht. Wir mussten Hunderte von Kabelmetern bergen und wurden pitschnass. Anschließend hustete ich zwei Wochen Lungenhaschee.

Bei Sat.1 war ausschließlich Studiodienst angesagt. Die Arbeit als Tonaffe hatte zudem einen pikanten Aspekt, denn wir mussten den Moderatorinnen die Kabel der kleinen Ansteck-Mikros durch die Blusen und Kleider ziehen.

Da die Damen auf dem Bildschirm das Aushängeschild eines Fernsehsenders sind, waren wir von teilweise waffenscheinpflichtigen Exemplaren des anderen Geschlechts umgeben.

Unsere Kolleginnen reagierten ganz unterschiedlich auf die Verkabelung. Manchen von ihnen war es unangenehm und sie versuchten dann mithilfe von akrobatischen Verrenkungen, die Sache selbst in die Hand zu nehmen.

Der gesamte Job bestand größtenteils aus Warten auf Standby. Man musste nur eingreifen, wenn irgendetwas beim Ton schief lief.

Das Studieren machte mir Spaß und alles ging soweit seinen geregelten Gang. Durch den Job bei Sat.1 hatte ich finanziell einen einigermaßen guten Background. Iris war in der Woche meist auf Reisen in den Singer-Filialen und Horst kam am Wochenende zum Auslüften vom Citydreck.

Ein wenig nervend war der Weg vom Alten Land in die City Nord, wo sich die Studios befanden. Ohne Auto war das eine echte Reise. Ich versuchte, die Schichten weitgehend mit den Vorlesungstagen zu koppeln.

Langsam musste ich mir überlegen, wie ich nach dem Studium den Einstieg ins Berufsleben hinkriegte, denn die Zeit war schneller um, als ich dachte. Bald stand die Diplomarbeit an. Auf der Hochschule für Wirtschaft und Politik hatte ich die Möglichkeit, ein weiteres Diplom im sozialökonomischen Studiengang zu erwerben. Da ich noch keine Idee hatte, was ich nach dem Studium machen wollte, überlegte ich mir, weiterzustudieren.

Iris hat es mir zwar nie vorgeworfen, aber diese Entscheidung gefiel ihr, wie ich glaube, überhaupt nicht. Ihr Job war ziemlich aufreibend und vielleicht hätte sie es lieber gehabt, dass ich mir eine gut bezahlte Arbeit gesucht hätte, um sie zu erlösen. Zumindest eine Zeit lang. Ich spürte, dass unser Verhältnis belastet war.

Iris' Maschine aus Berlin sollte um neunzehn Uhr dreißig landen. Sie hatte in Berlin eine Filiale eingerichtet und ich hatte diese Woche ihren Firmenwagen gefahren. Ich sollte Iris vom Flughafen abholen und dann wollten wir im ›La Sepia‹ essen gehen. Als sie in der Ankunftshalle auf mich zukam, meinte ich zu bemerken, dass sie Schlagseite hatte. Sie torkelte ganz leicht.

»Hallo Schatz, habt ihr Einweihung gefeiert?«

»Ja, haben wir«, gab sie etwas lallend zur Antwort.

In ihrem Ton schwang etwas Fremdes mit. Wir fuhren zum ›La Sepia‹ und Iris war einsilbig, was sonst eigentlich nicht ihre Art war.

»Hattest du Stress?«

»Na klar, was denn sonst?«

Ihre Stimme klang genervt.

Als wir beim Portugiesen am Tisch saßen, stürzte Iris den Wein sehr schnell hinunter.

»Ich hab keinen Hunger, Udo.«

Da war es wieder, dieses Ansprechen mit dem Namen. Das schien mir verdächtig.

»Ich komm gleich wieder.«

Sie erhob sich und schwankte zur Toilette. Mir schwante Übles. Als Iris wiederkam, wirkte sie etwas aufgeräumter und begann: »Udo, ich habe jemanden kennengelernt.«

»Was heißt das, kennengelernt? Hast du mit jemandem geschlafen?«

»Ja!«

Die Faust griff nach meinem Magen. Die Faust schloss sich langsam. Geahnt hatte ich es schon, aber ich wollte so etwas ja nicht wahr haben. Ich wollte es nicht glauben, bevor es ausgesprochen war.

Ich fühlte, wie mir die Felle davonschwammen. Wie sollte ich reagieren? Stress machen oder cool sein? Ich entschied mich für die zweite Variante. Ich wollte sie nicht verlieren und sagte: »Das finde ich ziemlich beschissen, aber wenn es nur einmal war, kann das eben passieren.«

Ich war in meiner Angst, sie zu verlieren, gar nicht auf die Idee gekommen, dass sie ganz brav die Klappe gehalten hätte, wenn es nur ein Seitensprung gewesen wäre.

»Udo, ich glaube, es ist mehr als ein Ausrutscher.«

Die Faust um meinen Magen war jetzt geschlossen.

»Wie willst du das wissen, nach einigen Tagen?«

Jede Bemerkung in der schwächeren Position musste jetzt blöd klingen.

»Es stand schon lange etwas zwischen uns. Ich hatte schon länger kein gutes Gefühl mehr bei uns beiden.«

»Ja, ich weiß, aber wir können das doch ändern. Ich habe Fehler gemacht. Vielleicht können wir das noch kitten.«

»Ja, vielleicht«, sagte Iris, um nicht weiter diskutieren zu müssen.

Wir fuhren schweigend nach Hause.

Die folgende Nacht bestand aus Ohrensausen und Löcher-in-die-Dunkelheit-Starren. Ich hatte eine Höllenangst, weil Iris am Sonntag wieder nach Berlin musste.

Um mich zu beschwichtigen, sagte sie, dass sie es sich noch einmal überlegen würde mit uns beiden. Sie wolle in der folgenden Woche mit ihren Gefühlen ins Reine kommen. Was für ein Schwachsinn – aber in so einer Situation klammert sich der Schwächere an jeden Strohhalm.

Dieses Mal reagierte ich nicht so blöd wie einst beim Abschied von Corinna, als ich die Zwischenprüfung geschmissen hatte.

»Und wenn du monatelang im Schmerzverstärker gemartert oder ans Kreuz genagelt wirst, du schreibst diese verdammte Diplomarbeit. Nichts ist wichtiger als dieser Abschluss!«

Natürlich war alles nur noch schlimmer, als Iris aus Berlin zurückkehrte. Sie las andere Bücher und hörte andere Musik als sonst. Einen Tag hielt ich das aus. Dann beschloss ich, Renate um Hilfe zu bitten. Renate hatte sich von Ronald getrennt und war jetzt mit einem VWL-Dozenten von der HWP liiert. Sie lebte in einer WG in Altona und bot mir ihr Zimmer an, weil sie bei ihrem Freund wohnen konnte. Ich nahm das Angebot an.

Ich rauchte wie ein Schlot und schrieb an meiner Diplomarbeit. Essen war nicht mehr meine Lieblingsspeise und ich wurde immer dünner. Die Nächte waren die Hölle. Im Bett lag zusammengekauert ein Häufchen Elend namens Udo. Ich bemühte mich um möglichst viele Schichten beim Sender und schrieb und rauchte.

Auf die Dauer waren das Herumschleppen von Büchern und das beengte Wohnen zwischen Tür und Angel ziemlich anstrengend. Ich musste eine Lösung finden. Sie ergab sich wie von selbst: Jean und Richie hatten eine große Wohnung am Neuen Pferdemarkt. Sie wohnten drei Häuser weiter als ich seinerzeit. Weil Jean für ein Musical in Wien engagiert war, hatte Richie für voraussichtlich ein Jahr jede Menge Platz.

Ich packte meine Siebensachen und zog zu Richie. Die Zeit ging ins Land mit Schreiben und Rauchen. Der angenehme Nebeneffekt meines krankhaften Leidens war meine damalige Hosengröße. Ich passte wieder in Jeans der Größe achtundzwanzig.

Mittlerweile hatte ich das erste Diplom in der Tasche und war im sozialökonomischen Studiengang in einem Forschungsprojekt mit dem Thema »Suchtprävention« beschäftigt. Weil ich kein Interesse an den beiden anderen Projekten hatte und der eigenen Sucht auf den Grund gehen wollte, hatte ich mich für dieses Thema entschieden.

Sat.1 war jetzt mit dem Frühstücksfernsehen auf Sendung. Das bedeutete, dass der Tag, wenn ich diese Schicht hatte, um vier Uhr dreißig begann. Daran konnte ich mich nie gewöhnen. An diesen Tagen war ich immer müde. Es kam vor, dass ich in meinem Tran durch das Bild wankte. Das Frühstücksfernsehen wurde live ausgestrahlt, also war daran nichts mehr zu ändern.

Aber diese Schicht hatte auch Vorteile. Des Öfteren wurde man für das frühe Aufstehen dadurch belohnt, dass um zehn Uhr Feierabend war und man statt fünf Stunden acht Stunden aufschreiben konnte. Außerdem gab es für die Frühstücksschicht ein Gratisfrühstück vom nahen Fünfsternehotel.

Den Moderator Wolf-Dieter Hermann habe ich nie schlecht gelaunt erlebt und er hatte die Fähigkeit, morgens schon ordentlich aufzudrehen. Das steckte manchmal richtig an und half einem über die Schicht zu dieser unchristlichen Zeit.

Die Talkgäste waren auch hin und wieder interessant, zum Beispiel Elke Sommer mit ihrer unglaublich tiefen, versoffen klingenden Berliner Schnauze oder der freundliche Arved Fuchs mit seiner starken, beruhigenden Ausstrahlung.

Wenn wir zusammen mit dem Team frühstückten, erzählten wir einander die Geschichten der letzten Nacht. Die Moderatorinnen waren keine Kinder von Traurigkeit. Sie mussten sich das eine oder andere Mal gehörig zusammenreißen, um sich während der Sendung nicht, aufgrund ihrer Müdigkeit, zu verplappern.

61

Die freie Cutterin und der AVIS-Chauffeurservice
»Ich geh mal bingeln.«
»Hai, hai, hoo, hoo, mmhh, mmhh«

Heino Jaeger war meinen Kollegen bekannt, und weil ich ihn ihrer Meinung nach ganz passabel zitieren konnte, wurde ich während der ausgedehnten Wartezeiten oft gebeten, den Heino zu geben.

Ich hatte wieder einmal die Mittelschicht von zehn bis achtzehn Uhr. Diese Arbeitszeit war genau das Richtige für mich. Man konnte erstens ausschlafen und zweitens abends noch etwas unternehmen.

Auch meine Kollegen hatten Lust, noch einen draufzumachen, und wir gingen ins ›Arkadasch‹ türkisch essen. Nachdem wir verdaut hatten, sollte ich ein bisschen »jaegern«. Nach vorschriftsmäßigem Zieren begann ich mit dem Sketch ›Die Passkontrolle‹. Die Kollegen belohnten mich mit reichlich Lachtränen und ich bemerkte, dass eine braungebrannte Cutterin, auf die ich schon vor Wochen ein Auge geworfen hatte, eine leichte Bewunderung für mich in ihren Blick zauberte. Das stachelte mich selbstverständlich an und ich zog mein komplettes Programm durch.

Nach einigen weiteren Roten und viel Gelächter sagte sie

ganz unternehmungslustig in die Runde: »Ich hätte noch Lust, ins ›La Paloma‹ zu gehen.«

Einige verabschiedeten sich, aber der harte Kern fand die Idee gut.

»Bist du mit dem Auto hier?«, fragte mich Kati.

»Nein.«

»Dann kannst du bei mir mitfahren.«

»Ja, gut, ich fahr bei dir mit.«

Sie ging ja ganz schön ran. Störte mich nicht. Wir waren gerade kurz vor dem Heiligengeistfeld, als uns die Udels rechts heranwinkten.

»Scheiße, Polizei, was soll ich bloß machen, Udo? Ich habe zu viel Wein getrunken.«

»Reiß dich jetzt zusammen und mach, was ich dir sage. Wenn sie dich fragen, ob du was getrunken hast, dann sagst du ›Nein‹. Wenn du so was wie ›Ja, ein Bier‹ sagst, müssen sie dich blasen lassen. Lass mich reden.«

Kati drehte das Fenster herunter.

»Verkehrskontrolle, die Fahrzeugpapiere und den Führerschein bitte!«

»Ja, kein Problem«, sagte Kati.

»Wo kommen Sie denn gerade her?«

Jetzt war ich dran.

»Wir kommen gerade von der Spätschicht bei Sat.1. Meine Kollegin ist so nett, mich nach Hause zu fahren.«

»Ah, Sat.1. Finde ich gut, dass es jetzt auch Frühstücksfernsehen gibt. Dann ist es bei der Frühschicht nicht mehr so langweilig«, sagte der Beamte in Grün.

»Wir geben unser Bestes«, erwiderte ich lachend.

Der andere Staatsdiener leuchtete um das Auto herum.

»Wo wohnen Sie denn?«

»Am Neuen Pferdemarkt.«

»Na, dann haben Sie es ja nicht mehr weit. Sagen Sie, Frau Rings, haben Sie Alkohol getrunken?«

Schockpause.

»Nein«, kam es aus ihrem Mund.

»Dann wünsche ich eine gute Fahrt und schönen Feierabend.«

Der Kelch war an Kati vorübergegangen und sie sah mich dankbar und erleichtert an.

Im ›La Paloma‹ auf dem Kiez ging es hoch her. Sowie wir die Kneipe betraten, schlug uns die feuchte Atmosphäre entgegen.

»She drives me crazy, like no one else,

she drives me crazy, and I can't help myself.«

»Geiler Groove, geile Snare«, rief ich Kati zu, denn es war angenehm laut.

»Ja, super, ich hol uns Bier.«

Der Laden war so voll, dass man kaum das Bier zum Mund führen konnte, ohne sich zu bekleckern. Endlich waren zwei Plätze auf der Bank vor dem Fenster frei. Hier gab es Tische und man konnte das Getränk auch einmal abstellen. Wir konnten vor Schwitzwasser kaum nach draußen sehen. Ich erkannte schemenhaft die Bordsteinschwalben in ihren Ganzkörperkondomen.

Kati war eine begeisterungsfähige Frau, die es liebte, sich in ästhetischen Situationen richtig gehen zu lassen. Sie war total angesteckt von der Kiez-Atmosphäre, von dem Schmuddel und von dem Gedrängel. Ebenso von der Musik, vom Alkohol und von meiner hamburgischen Aussprache, denn sie stammte aus Hessen. Für mich wiederum hörte es sich absolut niedlich an, wenn Kati sich auf die Toilette begab: »Udo, ich geh mal bingeln.«

Dieses Hessische klang wie weiches Flutschen.

Ich hatte schon wiederholt erlebt, dass das Hamburgische in anderen Bundesländern ganz beliebt ist. Als ich das merkte, übertrieb ich noch etwas damit.

Kati rieb sich an der Scheibe den Blick frei und schaute sich die Szenerie dort draußen an. Ich tat es ihr gleich und unsere Gesichter berührten sich. Jetzt oder nie! Ich sah ihr tief in ihre braunen Augen und küsste sie. Es lief gerade ›Owner Of A Lonely Heart‹. Das war wieder so ein Moment, für den es sich zu leben lohnte.

Weil die Kneipe so gerammelt voll war, merkte kein Mensch, dass Kati die Hand in meiner Hose hatte und meinen Lümmel dazu brachte, mir wieder einmal bewusst zu machen, wie eng diese Scheißjeans waren. Die orthodoxen Anhänger des Islam waren uns, zumindest mit ihren Gewändern und ihrer Pluderhosenmode, weit voraus.

Wir gaben uns noch mächtig mit Bier die Kante und fuhren dann mit dem Taxi in Katis Wohnung in Eimsbüttel. Da Kati gerade aus dem Urlaub von der Dominikanischen Republik zurückgekehrt war, gab es weißen Rum, den sie mitgebracht hatte. Früh am Morgen sanken wir ohne weitere sexuelle Betätigung ins Bett, denn wir waren viel zu stramm, um unsere Körper noch unter Kontrolle zu haben.

Mittags erwachten wir und erinnerten uns daran, dass wir verschiedenen Geschlechts waren. Nach dem Gerangel lagen wir verkatert im Bett.

»Es kommt mir so vor, als ob du schon immer hier gelegen hättest. Du bist mir total vertraut.«

Sie gab sich halt richtig hin.

Schöne Sache, das, dachte ich.

Wir beschlossen, abends essen zu gehen und machten uns auf den Weg in meine Gastwohnung bei Richie. Ich zog mich um und wir begaben uns zum Italiener.

In den letzten Jahren hatten mich die Dämonen seltener heimgesucht. Nach diesem Saufexzess sollte ich aber einen Preis zahlen, meinten sie wohl. Man bekommt nichts umsonst. Im Schulterblatt, einer geschäftigen Straße vor meiner Haustür, erwischten sie mich.

»Nicht hier und nicht jetzt, ihr Schweinehunde!«

Alles drehte sich. Ich musste mich gegen ein parkendes Auto lehnen.

»Ich glaub, wir haben ein bisschen übertrieben«, sagte ich.

»So richtig wohl ist mir auch nicht zumute«, antwortete Kati. Was konnte diese Frau vertragen. Hatte sie nicht genau so viel gesoffen wie ich? Ich bäumte mich gegen die Angreifer auf, was mir tatsächlich einigermaßen gelang.

»Vielleicht wird das nach dem Essen besser.«

»Ja, mal sehn.«

Mit Pasta und Insalata Mista im Bauch wurde mir dann wieder wohler. Diesmal hatte ich dem Dämonenpack die Rote Karte gezeigt.

Um uns von der durchzechten Nacht zu dekontaminieren, gingen wir zu Fuß zu Katis Wohnung und liebten uns wiederholt und heftig. Ich sah, dass Kati eine echte Rothaarige war. Rotblond mit braunen Augen.

Am nächsten Morgen fragte Kati mich, ob wir zusammenziehen sollten.

Wow, so schnell schießen die Preußen nicht, dachte ich.

»Ich muss erst einmal die Beziehung zu Iris sacken lassen. Später können wir uns das ja noch mal durch den Kopf gehen lassen.«

Kati musste zur Spätschicht. Ich sollte es mir derweil in ihrer Bude bequem machen.

Sie war als freie Cutterin gut im Geschäft, hatte regelmäßig Aufträge bei Sat.1 und schnitt jetzt immer öfter für Spiegel-TV. Das brachte ihr eine Menge Kohle ein.

Das Ungleichgewicht zwischen unseren finanziellen Möglichkeiten wurde für mich leider immer mehr zum Problem. Ich fühlte mich unbehaglich, wenn wir über den Gänsemarkt schlenderten und Kati mich in ein Bekleidungsgeschäft schleifte, um sich für einen schlappen Tausender eine Lederjacke zu kaufen. Die arme Studentensau und die betuchte Freiberuflerin. An dem Gedanken fraß sich mein Minderwertigkeitskomplex wieder satt. Ich brauchte unbedingt einen weiteren Job, bis ich das Studium beendet hatte.

Mittlerweile saß ich an meiner zweiten Diplomarbeit. Dafür musste ich einige Suchtberater in Großbetrieben zum Alkoholproblem der Mitarbeiter interviewen. Wie schizophren das war! Hier wurde der Bock zum Gärtner gemacht.

Die Geschichten, die ich zu hören bekam, stimmten mich ziemlich nachdenklich. Vor diesem Stoff, dem Alkohol, musste man gehörig auf der Hut sein. Vielleicht war meine Entscheidung für dieses Thema von höherer Stelle initiiert worden, um mich zu warnen.

Neben der Diplomarbeit streckte ich meine Fühler in Richtung eines zweiten Nebenjobs aus. Ein Kommilitone, der wusste, dass ich einen Personenbeförderungsschein besaß, gab mir den Tipp, beim AVIS-Chauffeurservice nachzufragen. Er würde auch ab und zu dort jobben.

»Mit Uniform und Mütze?«, fragte ich erschrocken.

»Nein, du brauchst nur ein Sakko und eine Tuchhose.«

Okay, das war vertretbar.

Ich stylte mich und stellte mich vor. Der Deal klappte und ich freute mich auf mehr Geld, um den Abstand zu Kati zu verringern.

Ostern stand vor der Tür und ich ging mit Kati einkaufen. Wir wollten es uns gut gehen lassen an den Feiertagen. Mit edlen Weinen und einer Lammkeule.

Im Supermarkt beschlich mich aber wieder dieses miese Gefühl der materiellen Unterlegenheit. Kati fühlte die schlechte Stimmung. Es kam zum Eklat.

»Es ist aus. Ich habe keine Lust mehr. Jedes Mal, wenn wir einkaufen gehen, diese schlechte Atmo«, schimpfte sie, »ich geh nach Hause!«

»Ja, ja, hau doch ab, wenn 's dir Spaß macht.«

Ich drehte mich um und verließ den Laden. Auf dem Weg nach Hause wurde mir bewusst, dass Ladenschluss war und ich keine Lebensmittel hatte. Richie war zu Jean gefahren und im häuslichen Kühlschrank war nichts als Kälte vorhanden.

Ich war total genervt. Ostern allein und nichts im Schrank! Diese blöde Kuh!

Abends ging ich ins ›Olympische Feuer‹, knabberte lustlos am Lammkotelett und fühlte mich unendlich einsam. Ich setzte mir ein paar Ouzos bis mir schwindlig war, verfluchte alle Weiber dieser Welt, wankte zu meiner Behausung und zog mir die Decke über den Kopf.

Mit Kati war Sendepause. Es war ein Scheißgefühl, wenn wir uns bei Sat.1 über den Weg liefen.

So war ich froh über meinen zweiten Job beim Chauffeurservice. Mein Debüt war eine Fahrt mit lieben Omis, die ich zur Kur in den Harz kutschierte. Dann sollte ich Japaner vom Flughafen abholen, sie in die City-Nord bringen und auf Stand-by warten. Ich stand brav mit meinem Schild in der Ankunftshalle.

Beim Warten wanderten meine Gedanken zu dem blöden Abend, an dem Iris mir den Laufpass gegeben hatte.

»Mit den Weibern machst du irgendwas falsch, mein Lieber«, sagte ich zu mir.

In diesem Moment kamen die drei Fahrgäste auf mich zu. Ich öffnete ihnen die Türen und sie grinsten mich japanisch an. Sie baten mich, eine Runde durch die City-Nord zu drehen.

Einer der drei war offensichtlich der Boss. Er zeigte auf die großen Gebäude der Konzerne und die anderen beiden quittierten alles mit einem Laut, der klang wie »Hai«. Der Chef wiederum grunzte beim Zeigen. Aus den Tiefen seines Schlundes drang ein heiseres »Hoo, hoo«. Dann kam immer das »Hai, hai«.

Ich lieferte meine permanent grinsenden Gäste im Gebäude des Mineralölkonzerns ›Esso‹ ab, setzte mich in den 300er Diesel und las im ›Handbuch der Rauschdrogen‹ für meine Diplomarbeit.

Nach einigen Stunden wollte ich mich bei meinen Fahrgästen erkundigen, wann sie weiterfahren wollten. Aber wie sollte ich die Burschen finden? Von der Kantine aus konnte man meinen Daimler sehen. Geh hinüber und genehmige dir erst einmal einen Kaffee, dachte ich. Als ich die Kantine betrat, sah ich meine Kundschaft in einer lauschigen Ecke trinken. Auf dem Tisch stand eine Flasche ›Chivas Regal‹. Als ich näher kam, hielt der Meister gerade das Näschen über sein Glas und grunzte wieder »Hoo, hoo«. Dann folgte »Mmh, mmh«. Seine Lakaien grunzten zurück, aber nicht so laut wie der Chef.

Ich fragte, wann es weitergehen solle, und man bat mich zu warten, denn das wüsste man noch nicht. Schließlich kamen sie um zweiundzwanzig Uhr aus dem Gebäude, grinsten mich an und wollten zum ›Plaza Hotel‹ gefahren werden. Grinsen, Grinsen, nichts als Grinsen. Danach hatte ich Feierabend. Sie bedankten sich und checkten im Hotel ein.

Einige Tage später hatten sie sich schriftlich bei AVIS beschwert, weil ich gefragt hatte, wann es weitergehen würde. Ich dachte, was für eine blöde Mentalität, zuerst durch die Gegend zu grinsen und sich dann hinterrücks zu beschweren.

62

»Und was kommt nun?«

Die beiden Dozentinnen, die das Präventionsprojekt im sozialökonomischen Studiengang leiteten, waren gehandicapte Frauen Mitte vierzig. Die Rechtswissenschaftlerin war hässlich wie die Nacht und eine Schlaftablette vor dem Herrn, die sich von der Soziologin herumkommandieren ließ. Diese, sich als Chefin gerierende Dame, war bissig und kleinwüchsig.

Nebenbei gesagt, ich war bei ihrem Anblick immer aufs Neue fasziniert davon, wie kurz menschliche Unterarme sein konnten.

Mein Glück war, dass man die Diplomarbeit von anderen Lehrkräften beurteilen lassen musste. Die beiden Mädels hätten mich voll auflaufen lassen.

Ich ging strategisch vor und suchte mir den unbeliebtesten Professor der ganzen Hochschule aus. Professor Tetzel war ein typisch verstiegener Wissenschaftler, wie er im Buche stand, seines Zeichens Sozialphilosoph. Das, was er manchmal absonderte, verstand er bestimmt selbst nicht. Er hatte aber auch seine guten Seiten. Wenn Hochschulratssitzung war, erschien er mit beschrifteten Schuhkartons, in denen er stenografierte Aufzeichnungen aller Sitzungen lagerte, denen er beigewohnt hatte. Wenn dann jemand, um seinen Machterhalt und Vorteil zu wahren, bewusst log, übrigens eine Eigenschaft, die fast alle Politiker als Vorbilder des einfachen Bürgers disqualifiziert, holte er Aufzeichnungen hervor, die teilweise Jahre zurücklagen, um den Lügner zu enttarnen. Das liebte ich an ihm. Für viele war es Querulantentum. Ich nannte es Wahrhaftigkeit.

Während beliebte Dozenten in Diplomarbeiten erstickten, hatte er gerade einmal drei bis vier zu beurteilen. Das hieß, er müsste sich eigentlich gebauchpinselt fühlen, wenn ich ihn für meine Arbeit aussuchte.

Ich ließ mich über die gesellschaftlichen und historischen Sichtweisen hinsichtlich des Drogengebrauchs aus. Die Griechen der Antike tranken Wein mit Wasser gemischt. Nur bei besonderen Anlässen ging 's dionysisch zu, dann war Druckbetankung angesagt.

Die Römer waren maßlos. Sie soffen wie heutzutage. Alles, was reingeht, und noch einen zur Nacht obendrauf.

In Irland ließen die Leute sich in Kirchen volllaufen und das mit dem Segen der Vertreter Gottes. Hatte etwas Ehrliches, meinte ich.

Im Mittelalter war Bier das Hauptnahrungsmittel. Das passte nicht zur perversen Disziplin der beginnenden Industrialisierung. So wurde propagiert, dass Kaffee gesund sei, damit die Leute nüchtern würden, um sich der durchorganisierten Fron hingeben zu können. Kaffee war das Getränk der Protestantischen Ethik.

Die heutige übertriebene Kaffeekultur in Verbindung mit der Verteufelung und dem Verbot von allem, was Spaß macht, sollte uns nachdenklich stimmen.

Der Deal mit Professor Tetzel lief perfekt. Ich erntete für meine Cleverness die Note Einskommafünfundzwanzig für die Diplomarbeit.

Vielleicht war meine Arbeit ja auch gut?

Ich hatte nun zwei Diplome mit hervorragenden Zensuren in der Tasche. Sollte ich mich jetzt freuen?

Das Elend des Depressiven ist, dass er nicht merkt, wenn es ihm gut geht. Er stellt sich die Frage: Wie geht freuen?

Ich hatte zwar Übung in den beiden Disziplinen Kurzzeitbegeisterung und euphorische Momentaufnahmen, aber die stille Tiefe einer länger anhaltenden Freude oder der warme Mantel der Zufriedenheit waren mir fremd. Gab es das überhaupt? Ich freute mich also nicht.

»Und was kommt nun?«, fragte ich mich.

Danksagung:

Folgenden Menschen, die mir alle sehr geholfen haben, bin ich außerordentlich dankbar: Berthold Bauer, Jane Comerford, Rudi Grosser, Anja und Helmut Ahrens und besonders meiner geliebten Frau, die mit ihren sanften, aber beharrlichen Überredungskünsten dafür gesorgt hat, dass dieses Werk einen Verleger gefunden hat.

Für Udo Prank, 1952 in Buxtehude geboren, ist schon früh klar: Das Leben ist nicht einfach. Altmodische Erziehungsmethoden im Elternhaus, Probleme in der Schule, Ärger mit dem Lehrherrn, Stress bei der Bundeswehr, Konflikte mit den Frauen und dann auch noch fiese Akne – doch Gott sei Dank gibt es die Musik.

Uwe Prink,
Leben ist ein Nebenjob, 220 Seiten,
ISBN 978-3-88132-333-8
12,90 Euro

Verlag Atelier im Bauernhaus
www.atelierbauernhaus.de

Mette Sørensen verschlägt es im Jahr 1820 durch ein Schiffsunglück aus ihrer norwegischen Heimat ins fremde Deutschland. Dort kommt sie zu den von Wellmanns, einer angesehenen Buxtehuder Bürgerfamilie. Zwischen ihr und Ferdinand von Wellmann blüht eine unerlaubte Liebe auf, die beide in höchste Gefahr bringt. Doch durch ein Wunder wird ihnen in allerletzter Sekunde ein zweites Leben geschenkt ...

Anke Klencke,
Der Schlüssel zur Vergangenheit,
Taschenbuch, 424 Seiten
ISBN 978-3-88132-328-4
Preis: 12,90 Euro

Verlag Atelier im Bauernhaus
www.atelierbauernhaus.de

Annelie Schlobohm
Februarflut
Historischer
Kriminalroman

Annelie Schlobohm
Twielenfleth
Historischer
Kriminalroman

Andrea Schampier
Agneta Willeken
Historischer Roman
aus Hamburg und
Lübeck

Gisela Stammer
Bauernkanari
Roman eines
Jahrhundertlebens

Ina Ruschinski
Braunes Wasser
Roman

Angelika Sinn
Das Flammenmal
Novelle

Anke Klencke
Der Schlüssel zur
Vergangenheit
Historischer Roman

Kerstin Lorenz
unpassierbar
Ein Grenzroman

Schwarze Segel im
Teufelsmoor –
Moorbibliothek 1
Hg. von W.-D.
Stock

Reise ins
Teufelsmoor
Moorbibliothek 2
Hg. von Elke Loewe

Bei den Künstlern
im Teufelsmoor
Moorbibliothek 3
Hg. von H.-G.
Pawelcik

Winterfahrt ins
Teufelsmoor
Moorbibliothek 4
Hg. von Petra
Hempel